居場所をつくる

引きこもりでも、
中卒でも。
明日からはじめる
コミュニティづくり。

起業家／リバ邸創業者
家入一真
株式会社リバ邸 代表取締役
片倉廉

逆旅出版

コミュニティには、いろんな人がやって来ます。

同じコミュニティ内で浮気する人。

共用のリビングでデカい虫を繁殖させる人。

酒瓶を片手に部屋の内見に来る人。

社長が相手ならお金を盗んでもいいと思っている人。

飲み会の次の日に原付だけ置いて蒸発した人。

退居後も粘り強く宗教の勧誘を続ける人。

これらはすべて、僕が運営するシェアハウス「リバ邸」で出会った人たちのこと。どれもこれもめちゃくちゃな話です。

もちろん悲しんだり、傷ついたり、怒ったり、悩んだり、いろんな感情で忙しかったはずですが、今思い返している自分の心は不思議と平穏そのもの。むしろ全員に感謝すらしているかもしれません。

それはきっと、リバ邸だからこそ出会えた人たちだったから。

そして自分も、リバ邸と出会って居場所を手に入れた一人だから。

「誰かといる」ことは、僕にとって命を左右するほど重要なことです。

子どもの頃から常に誰かと一緒にいないと安心できなかった僕は、大人になっても誰かと過ごしたくてシェアハウスをはじめました。

暴走族、ホスト、不動産営業、いろんな居場所を見つけては苦しくなって、次の居場所に期待しては裏切られてまた次を探す——そんな堂々巡りの人生から抜け出すきっかけになったのが、リバ邸との出会いだったんです。

リバ邸をはじめてからも、たくさんの無茶苦茶な人たちや出来事が降りかかる毎日でした。逃げ出したくなるようなトラブルばかりだったし、正直なにひとつ「成功した！」なんて言えることはありません。上場してもいなければタワマンにも住んでいないし、いまだに軽トラを乗り回しています。

それでもリバ邸をやっていてよかったと、心から思っています。

自分のためにつくった場所が、誰かの居場所になる。
居場所を得た誰かが、他の誰かの居場所をつくる。

この本は、僕たちリバ邸が経験してきたたくさんの失敗やトラブルをもとに、シェアハウスをはじめとした居場所づくり・コミュニティ運営のヒントになるようなお話ができればという思いでまとめました。

ほんとうにしょうもない失敗ばかりだった僕らの歩みが、次の「居場所づくり」につながることを願っています。

株式会社リバ邸　代表取締役　片倉廉

第2章 お金は人を狂わせる

第3章 コミュニティは人間関係がすべて　77

家入×片倉の居場所論　151

プロローグ

——引きこもりが産んだ「現代の駆け込み寺」

一人になれる場所はたくさんある

家入

リバ邸のはじまりを思い出す。きっかけは、高木新平くん（株式会社NEW PEACE代表取締役CEO）がかつて六本木で運営していたシェアハウス「よるヒルズ」を、僕が引き継いだことだった。

夜ヒルズの「都会では一人になりたかったら、外に出れば良い。家にいるときぐらい誰かとつながろう」というコンセプトを知ったとき、逆転の発想にワクワクしやりたいことをやる。好きな仲間と企画する。自分の時間で動く。そんなのは夢物語だ。ちゃんと、現実をみろ。ちゃんと、組織に従え。ちゃんと、大人しくしろ。それが、世間一般の常識的な働き方だ。しかし、本当にそれでいいのか?嫌いな上司、堅苦しい決まりごと、型にはまったビジネスルール、そんなものとはおさらばだ。もっと、自由に生きようぜ。サラリーマンも、公務員も、学生も関係ない。テーマをもとに、メンバーが集まる。それぞれの強みを生かし、プロジェクトを起こす。個人の可能性を解放するサービスをつくっていく。組織も、働き方も、生き方も、21世紀型にアップデートしようぜ!

Live in liberty.
自由に生きろ

Liverty公式サイトには今もこのステートメントが掲載されている

たのを覚えている。

家とは一人になるための場所だ、と思い込んでいる人が多いし、僕もそうだった。でも実は東京においてはそうではなくて。外を散歩したり図書館に行ったりと、一人になれる場所は実はたくさんある。だから、家にいるときぐらい誰かとつながっていこうというアイデアに、僕は強烈に惹きつけられた。

そんなふうに新平くんと出会う前から興味を持っていた夜ヒルズが、ちょうど引き継ぎ先を探しているという。

社会に馴染めない「引きこもり」だった自分自身の経験をもとに、同じような思いを抱えている人たち、行き場がない若い人たちの居場所をつくりたいと思っていた当時の僕は、すぐに新平くんにＤＭして引き受けることにした。まさに「リバ邸誕生前夜」だ。

いきなりＤＭしてきた僕のことを彼がどう思ったか、心の内はさておき、僕らはすぐに意気投合した。そこで出来上がったのが新しいビジネスやウェブサービスを立ち上げまくるモノづくり集団、「Ｌｉｖｅｒｔｙ」。若い人たちの居場所づくりを軸に、様々なプロジェクトを立ち上げていく解放集団だ。

そのプロジェクトのひとつとして生まれたのが「リバ邸」だったのだ。

社会に居場所がないやつこそ輝ける場所

家入

六本木のマンションで夜ヒルズのコンセプトを引き継ぎつつはじまった「リバ邸」の日常は、二十四時間ずっと開放して常に何かイベントをやったり、朝会をやったり、プログラミングの勉強会をやったり。誰でも来ていい場所だったから、本当に日々、いろんな人が来ていた。

もちろん東京のど真ん中、自然と日本各地から上京してきた若い人たちが集まってくる。そうすると、「リバ邸みたいな場所を自分でもやりたい」と言ってくれる地方出身の若者が徐々に現れ出してきた。やったらいいじゃん、なんて僕が軽く言ってたら、彼らは地元に帰ってリバ邸を本当に立ち上げてしまった。

誰かがやったら、あとはドミノ倒しに続いていく。鳥取や札幌を皮切りに、他の地域にも少しずつ広がっていったのが、リバ邸の盛り上がりを最初に感じた時期だった。

プロジェクトベースで集まってプロジェクトが終わればまた解散する、有機的なチームが次々に生まれていた当時。頑張って就職して一生勤めなきゃいけない、というあたりまえのことができなかった僕のような人種にとっては、希望に満ちた生き方がそこにはあった。

「今の社会に居場所がないやつらこそが活躍できる時代がやってくる！」

そんな煽りのようなメッセージも含めて発信していたせいもあって、リバ邸に集まってくる人たちはいろんな事情を抱えているケースが多かった。

たとえば「ちょっとやる気が出なくて大学を休学した」「心の問題を抱えている」「就職したけど自分に合わなさすぎて辛い」とか。そういう人たちが煽られて、リバ邸を訪ねて来てくれることもたくさんあった。

でも、僕はそこに住んでいなかったから、僕に会いに来たのに本人がいないという状況がしょっちゅう起きてしまった（笑）。

ただ、僕がいなかったからこそ、弱みを持った者同士がつながって、なんとなくみんな前を向けるという効果もあったと思う。

弱みを持った人たちは一人じゃ何もできないと思い込んでいるかもしれないけど、三人集まれば何か立ち上がるかもしれないし、立ち上がらないかもしれない……というくらいの緩さで、リバ邸に集まった人たちがコミュニティをつくる。その結果、別に起業家を生み出すといったコンセプトはまったく掲げていなかったにも関わらず、起業家がたくさんリバ邸から生まれていく、という現象が初期には起きていた。

これから語るのは、そんな「僕のいないコミュニティ」としてのリバ邸についての話だ。

家入さん、すごく綺麗に話をまとめてくださいました。ただ、コミュニティの引き継ぎって本当に大変だったんですよ。これからはじまるのは「形だけ」が残ったコミュニティをイチから立て直していく中で体験した「失敗」の話。リバ邸コミュニティの内部で実際に起きた事件と教訓のお話です。

リバ邸
LIVERTY HOUSE

第1章

コミュニティをはじめよう

「みんなの居場所をつくりたい！　どうやったらいいですか？」。

今でこそそんな相談をたくさん受けるようになった僕。全国に百軒を超えるリバ邸仲間ができ、リバ邸以外にもたくさんのコミュニティづくりをお手伝いしてきました。

でも、僕が最初にシェアハウスを立ち上げた頃は文字通り「無我夢中」。どうやったらうまくいくかなんて知らないから、とにかくあらゆることを試しながらたくさんの失敗を繰り返してきました。

この章では、そんな自分自身の失敗を振り返りながら、最初の一歩「コミュニティのはじめかた」についてお伝えしていきたいと思います。

資金や人脈のなさで諦めるのはもったいない

片倉

プロローグで家入さんが語っていた通り、もともと「リバ邸」は高木さんと家入さんがはじめたプロジェクトでした。

二人とも当時から起業家界隈で注目を集める有名人。そんな二人のイメージが強かったこともあって、「家入さんがお金を出してくれてるんだろう」「シェアハウスは赤字でも問題ない趣味のような事業なんだろう」そう思う方も少なくありませんでした。

僕はここではっきり言っておきます。

リバ邸立ち上げから今まで、僕らは一円も出資を受けたことはありません。

当時はスタートアップが盛り上がっていて、いろいろな起業家の方々の「○○から〇億円資金調達しました！」というニュースが盛り上がっていた時期。僕らも資金調達して事業をスケールさせて上場を目指す、そんな道を歩むものだと当然のように思われていたでしょう。

でも、僕らはそうしなかった。いや、そうできなかったと言った方が正しいかもしれません。

巷のスタートアップのように一気に注目を集めて急速に成長する事業モデルではなかったし、ひねくれた性格の僕は、みんながやっていることをなぞるのがダサいと思ってしまっていたんですね。自分たちには出資を受けるだけのポテンシャルがある、でもあえて受けずに成長する。それがかっこいいと思っていた。

あるとき、起業家やベンチャーキャピタルの人たちが集まる場で五歳下のスタートアップ経営者にこう言われました。

「廉さんには期待していますよ」。

正直、あ～舐められてるな～と思いました。

彼に対して怒りとか悔しさみたいな感情は全然湧かなかったんです。ザ・スタートアップなやり方で事業を伸ばしている彼はすごい。僕たちは違う。そして「お金を集めた人が偉い」「リバ邸のような地味な事業よりスタートアップの方がかっこいい」といった、その場の空気や価値観。それを浴びたことで、ただただ僕は自分たちの道を進んでいきたくなってしまったんです。ひねくれていますよね（笑）。

話を戻します。家入さんもお金を出してくれない、スタートアップとして投資を受けるわけでもない。じゃあどうやって事業をやるためのお金をつくるのか。

その答えは「なんでもやる」こと。

そもそも僕の人生は、生き延びるためにひたすらお金を稼ぐことと隣り合わせでした。

ヤンキーの先輩から脅されて偽ブランド品を売りさばいたり、世界一周の旅に出かけるためにバイクを売ったり、ホストや不動産営業の仕事でも常にナンバー1になるまで死に物狂い。

そんな僕が初めて心を開いていられる場所になったのがリバ邸だったんです。
もちろん、誰かが出資してくれたり自己資金が潤沢にあればそれが一番手っ取り早いし楽です。
当たり前ですが。でも自分には何もなかった。だから、クラウドファンディングをやったり、銀行から融資を引っ張ったりと、できることはなんでもやってなんとかしていきました。

リバ邸として最初に取り組んだのは、祖父母が飲食店を切り盛りしていた自分の実家を「居酒屋りばてぃ～」にするためのクラウドファンディング。祖父母への思いともうひとつ、当時の僕は、クラウドファンディングページにリバ邸についての思いを綴っていました。

〟社会の作った常識や当たり前に違和感を感じている人って、実はたくさんいると思います。

同時にそういった常識に縛られ苦しんでる人が世の中にはたくさんいること
でしょう。
それは何もおかしなことではないんです。
だから他者から否定されても自己否定しないでほしいんです。
あなたの今生きている小さな世界が、世界の全てじゃない。
あなたはもっと楽しく豊かに生きていいんだ。
ただ、「現代の駆け込み寺」を名乗るリバ邸は、駆け込み寺でありながら全て
形態はシェアハウス。
訪れるのも必然的にお宅訪問になってしまい、訪問のハードルが高い。
アポイントを取らなければならないのかな、行ったところで何ができるのか
な、などと感じさせてしまいます。
そこで‼居酒屋というスタイルにすれば気軽に飲みに行けるリバ邸ができる
んじゃないか⁉
と考えたわけです！
そこをリバ邸の考えを広めていく発信基地にしていきたい！！！

そしてそして、多くの人生に悩む人、社会の枠組みの中では生きづらい人たちに勇気と安らぎを与えたい！！！！！

さらにさらに、たくさんのアウトプットを「居酒屋りばてぃ〜」でして欲しい！！！！！！

僕たちはそんな思いで、今回このプロジェクトを立ち上げました。

引用元：茨城に【居酒屋りばてぃ〜】を創りたい！！「居酒屋」×「リバ邸」プロジェクト

結果として、このプロジェクトは百人以上の方から目標額を超える支援をいただくことができました。支援してくださった方のなかには直接の友達もまったく知らない人もいました。本当にうれしかった！

このクラウドファンディングでの支援をきっかけに知り合った方々の多くが、上で書いたリバ邸への思いに共感をしたと言ってくれました。今でもシェアハウス関係でつながっている人もいます。

「自分にはお金がないから」「出資してくれる人もいないから」。もしそうやって最初から諦めていたらお金を集めることができなかったのはもちろん、今につながる出会いも得られなかった。

そう思うからこそ、たくさんの人と出会える機会にもなる「立ち上げ」は、何をしてでもぜひやってほしいと思うんです。

あ、ひとつ訂正がありました。一円も出資を受けていないと言ったんですが、実は最初に家入さんから二百万円をもらっていました。ただ、すぐにそのお金で家入さんにとある「村」を買わされて、結局リバ邸のために使うことができなかったので、実質出資を受けていない（むしろマイナス）ということで。

お金も人脈も、最初はほとんどの人が1つも持っていない。だからこそ、小さくはじめることが大事です。まずは人に会って自分のやりたいことを伝えることから。片倉はクラウドファンディングの期間中、現役ホスト時代より酒飲み営業にまわったと言っていました。

リバ邸
LIVERTY HOUSE

外部に左右されない環境を整えよう

片倉

コミュニティをつくるとしたら、物件やプラットフォームなど、どこかに拠点をつくることになると思います。でも、僕はコミュニティ運営において外部に左右されない環境を整えるのはとても大切なことだと考えています。

リバ邸のようなシェアハウスを例として詳しくお話させてください。

シェアハウスの場合、拠点となるのは物件です。物件を探す代表的な方法は二つ。

①大家さんを探して直契約

一つ目が知人の紹介やSNSなどを使い、空き家を所有している大家さんを探して直接契約する方法。

現状のままの引き渡しであれば初期費用や敷金などを交渉しやすい半面、契約面の知識がないと難易度が高かったり、残置物整理や修繕が必要で、物件自体が賃貸できる状態ではない可能性もあったりします。

今、株式会社リバ邸ではシェアハウスとして転貸できる物件リストを保有していますし、大家さんから問い合わせも頂いているので、「直契約したいけど伝手がない」といった相談も受け付けています。

②不動産仲介業や希望地域の不動産屋さんをあたる

二つ目が不動産仲介業や希望地域の不動産屋さんをあたる方法。

こちらの場合は、プロが契約に介入してくれるのでトラブルになりにくく、担当者が条件や希望を聞いてくれるので探すのも簡単です。ですが、仲介手数料や保証料などがかかるため金額が大きくなりがち。例えば賃料が十万円程度の物件だとしても、敷金や礼金、仲介手数料に加え、保証料、前家賃も含めると七十〜百万円ほどかかるイメージです。

また、実際に調べてみればわかるのですがシェアハウスとして使える「転貸借OK」の物件はとても少ないのです。

複数人で住めるほど大きな物件。大家さんからしたら契約者以外の不特定多数の人に出入りされるより、夫婦と子供二人の四人家族というような一家庭に物件を貸すほうが安心ですよね。わざわざ「転貸借OK」という条件で出ているのは通常の条件では借り手がつかなかった物件と捉えることもできます。

そのため、転貸借ＯＫであってもすぐに契約はせず、周りの家賃相場と比べてみたり、物件や契約内容に気になる点がないかしっかり見定めたりする必要があります。

今でこそこのようにメリットや注意点をおさえられている僕ですが、ここに至るまでは本当に色々なことがありました。

環境の変化で全て手放す可能性がある

僕が茨城と東京の二拠点で同時にリバ邸をはじめたのは、二〇一六年。茨城の物件は実家だったので、特に誰に気を遣うこともなく運営できていました。

一方、東京の物件は別にオーナーさんがいました。この物件での出来事を通じて得た教訓、それは「物件は借りるのではなく買うもの」ということ。それ以来、自分で運用する物件はもちろん、リバ邸やシェアハウスをやりたいという相談を受けたときには、極力借りるのではなく買うことを勧めています。

東京のオーナーさんと出会ったのは、民泊運営オーナーの集まりでした。当時、不動産営業の仕事で得たお金と知見をもとに民泊の事業をはじめていた僕は、ちょうど流行りはじめていた民泊のコミュニティによく出かけていました。コミュニティに参加している人たちはほとんどが年配の方々で、まだ二十代前半だった僕はたくさん可愛がってもらったと思っています。

その集まりで出会ったのが、後にリバ邸となる物件のオーナーさんでした。その方は東京都二十三区内にマンションを一棟丸々持っていて、その一階部分を使ってシェアハウスをやらせてもらうことになりました。

当初は若者を応援するような態度で、僕や入居者にもフレンドリーに接してくれていたオーナーさん。ところが、あるときを境に急に態度が豹変。執拗な嫌がらせを受けるようになったのです。

きっかけは、オーナーさんから退去を迫られて断ったこと。

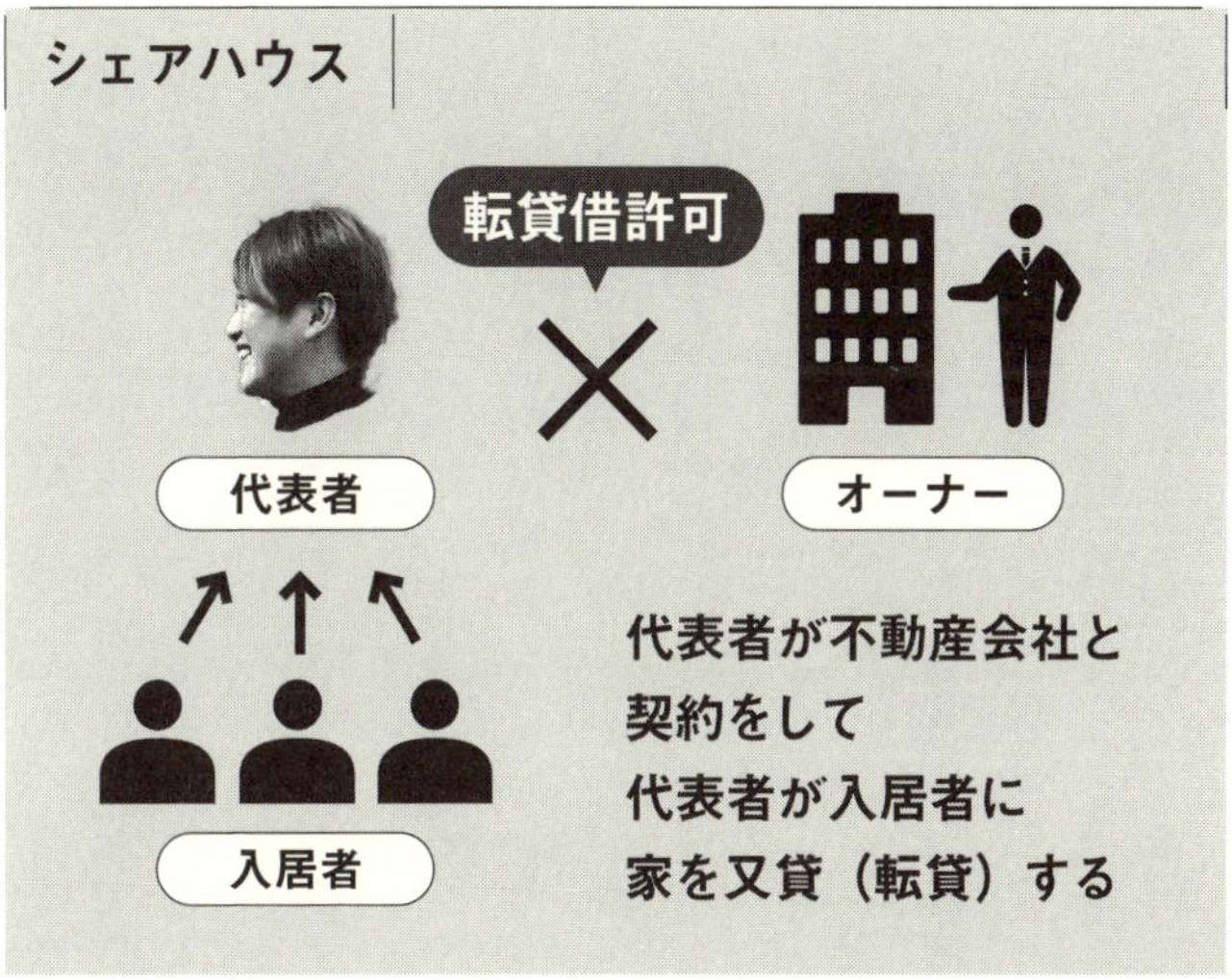

民泊に関する法律が整備される直前でインバウンド需要も高まっていた、まさに「民泊バブル」の当時。二階と三階で民泊を運営していたオーナーさんは、さらに事業を広げようと、僕がシェアハウスを運営していた一階も民泊にしたかったようです。

でも、当時の僕はそのシェアハウスをリバ邸という名前に変えて、経営的にもうまくいきはじめていたため、オーナーさんの要求を断ったのでした。

それに腹を立てたオーナーさん

は建物のいたるところに監視カメラを設置して、僕や入居者の行動を細かくチェックし嫌がらせを繰り返すようになったのです。本当に居心地のいい場所でしたが、入居者にストレスや不安をかけてしまっては意味がないと、泣く泣く退去を決意したのでした。

いい居場所をつくったとしても、コミュニティ内の運営が上手くいっていたとしても、オーナーさんの意向一つですべてなくなってしまう可能性がある。それを痛感して、この出来事があってからは、物件を借りるのではなく買うことにこだわるようになりました。

トラブルは最初に起こりませんが、契約は最初にするもの。勢いだけではじめてしまうと後々大変な思いをするかもしれません。可能な限り、トラブルを避けられるような立場と契約を最初の段階で確保しましょう。

リバ邸
LIVERTY HOUSE

お互いさまな関係をつくれるメンバーを探そう

片倉

コミュニティを運営する以上、それを構成するメンバーが必要です。

シェアハウスでいえば、住人。とくにシェアハウスの場合は、住んでくれる人がいなければ当然家賃も入らない。収入がないってことです。だからシェアハウスオーナーはまず住人を集めなくては何もはじまりません。

でも、僕がリバ邸をはじめた頃に一番苦労したのも住人募集でした。

ある程度のノウハウができあがった今、僕らが今から住民を募集する人達におすすめしている方法をお伝えします。シェアハウスをつくる場合はもちろん、ポイントをおさえれば、他のコミュニティをつくるときにも応用できると思います。

①立ち上げまでの過程をSNSで発信し続けよう

急に「〇月からシェアハウスをはじめます！」と告知をしても、すぐに引っ越してきてくれる人は滅多にいません。シェアハウスを立ち上げようと思った時点から発信ははじめましょう。

どうしてシェアハウスをやってみたいと思ったのか。
物件探しや内見の様子。
物件を契約した報告。
家具選びやＤＩＹをしている風景。

こういった過程をシェアしていくと、懐かしい人が連絡をくれたり、応援をしてくれたりします。嬉しくてやる気にもなりますし、「入りたい友達がいるんだ」なんて、連絡をくれることもあります。

②クラウドファンディングで認知を拡大、リターンで交流をつくろう

僕も立ち上げのときに使ったクラウドファンディング。

クラウドファンディングは目標金額の獲得だけに使わなくてもいいんです。シェアハウスのコンセプトを本文に詰め込んで、「オープンパーティーにご招待」「オープン前ＤＩＹ参加権利」というようなリターンを用意すれば、気軽に遊びにきてもらえますよね。関わってくださる方を募集するような内容にすれば、認知と一緒に参加者を増やせます。

③ポータルサイトを使って広告を掲載しよう

また、ポータルサイトを使って広告掲載をするのも有効です。例えばシェアハウスの場合は以下のようなポータルサイトがあります。

ひつじ不動産：コラムや入居者インタビューなども充実しているシェアハウスポータルサイト

シェアシェア：関東近辺のみに地域が絞られたシェアハウス検索サイト

シェアクリップ：検索条件を詳細に指定できるシェアハウスポータルサイト

ジモティー：シェアハウスの検索条件で掲載が可能

ポータルサイトは無料から有料のものまで様々。予算の都合はありますが、基本的には掲載媒体が多ければ多いほど誰かの目に触れる回数と可能性も増えるので、活用するのがおすすめです。

ゼロ円管理人でメンバーを集めた僕の失敗

ちなみに、僕らがリバ邸をはじめた十年前は普通の賃貸物件の入居者募集とは違って、まだまだシェアハウス自体がそこまで知られていない時代。どうやったらシェアハウスに住みたい人たちと、キツい営業やお金のかかる広告を使わずに出会えるかと考えました。

そこで思いついたのが、住人の一人を管理人にして家賃ゼロにする代わりに住民募集を任せる「ゼロ円管理人」作戦。

「これがうまくいったらラクしながら住人が集まる……！」なんて期待を胸にはじめたやり方でしたが、結果は大当たり。家賃を払いたくないけど友達はたくさんいるという大学生が、たくさん手を挙げてきてくれました。

もともとリバ邸は「現代の駆け込み寺」というコンセプトでスタートしていたのもあって、周りに馴染めないとか、強いこだわりを持っている人に興味を持ってもらいやすかった。だから、管理人募集に手を挙げてきてくれた人たちも、リバ邸を活かして自分のやりたいことをできるようにしたい野心家が多かったんです。

リバ邸の思いが形になったような感じで、うまくいっているなと思ったのも束の間。任せていた人たちが次々に適当な辞め方をしていく事態が起きてしまいました。いくら学生だとかフットワークの軽い人だと言っても、やっぱり一度信じて任せた人に裏切られるのは辛いもの。ちゃんとやってほしいとお願いをすると「廉さん、それパワハラです」なんて言われることもあって、どんどんしんどくなっていきました。そしてこのやり方を止めることにしたのです。

チャンスに飛びつくのが早い人は、飽きたり逃げ出すのも早い。これが「ゼロ円管理人」作戦で僕が得た教訓でした。

それからは誰かを管理人に任命するときには、自らリスクをとって運営する覚悟があるかどうかをしっかり確認するように。その結果、管理人もシェアハウス自体も長く続くように変わっていきました。

ちなみに今のリバ邸では「駆け込み寺」を名乗るのをやめています。

それは、「応援されたい人」ばかりが集まることで「ゼロ円管理人」のときのような、適当な別れを生み出してしまう可能性が高いから。

自分が応援されたいだけじゃなくて、お互いに応援しあえるコミュニティ。それが今のリバ邸です。

もちろん生きづらさや居場所のなさを感じている人が、駆け込んで来れる場所であっていい。でも、駆け込んだ先の未来では誰かを一方的にあてにするのではなく、自分もあてにされる「お互いさま」な関係をつくれるといいですよね。

> コミュニティである以上、会社のような上下関係は発生しないかもしれません。そんな自由な関係性だからこそ、リスクがなければ「適当な対応」ができてしまうのも事実。だからこそ、報酬でも優待でも、しっかりとした「対価」がある仕組みが関係性を明確にしてくれます。

リバ邸
LIVERTY HOUSE

運営は気が合うより遠慮しないで済む仲間とやろう

片倉

実家のシェアハウスをリバ邸にしていったときから手伝ってくれる友人はいたけど、経営のパートナーとしての「仲間」を強く意識しはじめたのは、株式会社リバ邸の代表を務めるようになってから。

なので運営を一緒にする仲間については、僕がリバ邸の代表を務めはじめた頃から話さないといけません。

リバ邸を立ち上げる前の僕は、フリーランスの不動産営業マンとして働きながら民泊の一加盟オーナーとして、ほぼ個人で物件管理をしていました。そんなある日、同じように民泊をやっているオーナーの集まりでリバ邸のことを知って、コミュニティに顔を出したのがすべてのはじまりでした。

それまで個人でシェアハウスを運営していた僕にとって、リバ邸はそれまで出会ったどんな大人とも違う人たちのコミュニティでした。それまで「大人は汚い、胡散臭いもの」と思い込んでいたけれど、ここにいる人たちは全然違うと直感したんです。

そこにいたのはブロガーや起業家、何をやっているのかよくわからないけどなんだか面白い人たち。僕が会ったことのない人種だと思う一方で、複雑な生き方をしてきた僕自身を先入観なく受け入れてくれる安心感がありました。

民泊をやっていた理由も、生きていくためにとにかく稼がなくてはいけないから。そんな生き方から生まれたつながりは、結局お金ありき。それが当たり前だった。

でも、リバ邸は違った。ここでなら、お金じゃないつながりをつくれるかもしれない。そう思った僕は、すんなりとこう決めていました。

「リバ邸をやろう！」

決めてからは早かった。もともと東京で運営していた自分のシェアハウスと、茨城の実家の2階をリバ邸に変えて二軒同時にスタートしました。

それまでの民泊やシェアハウスの経験もあって運営はうまくいき、管理するリバ邸は気づいたら十軒近く増えていて。リバ邸を名乗る運営者の中で、一番棟数をもっている存在になっていたんです。

そんな当時、家入さんをはじめとした当時の中心メンバーたちがみんな誰かに運営を任せたがっていたので、「僕に代表をやらせてください！」と直談判しました。その後、話し合いを進めていく中で、家入さんが紹介してくれたメンバーと一緒に株式会社リバ邸を設立。それが、僕にとっての「仲間」のはじまりでした。その最初のメンバーの一人、「ぼりさん」は今に至るまでずっと一緒に経営してくれています。

株式会社リバ邸は、初期から今まで喧嘩しなかったことがないくらい、嵐が吹き荒れるチームでした。

とにかく僕がぼりさんにムカついていたんです。今でもしょっちゅうぶつかっているんですが、当時なんであんなにムカついていたのかよくわかりません。リバ邸や経営に対する姿勢が合わなかったんでしょう。ぼりさんからすると「僕が他のメンバーと対立しがちだったからそれを止めていた」とのことなんですが。


ひとつ確実に覚えているのは、リバ邸の利益を出しているのは自分だという自負が当時の僕にはあったこと。管理人の中で一番物件数を持っていたし、運営がうまくいかない人が多かった中で「なんでみんな利益を出すために頑張らないんだ」という思いがありました。僕だけが頑張ってる、なんて思い上がっていたんです。

そんな気持ちも隠さず何度もぶつかって、本音を話しつくした後は、意思決定がスムーズになって事業のスピードも上がりました。

ぼりさんは「廉くんが遠慮しなくなった」と言ってくれるのですが、確かにあれだけぶつかってたのに、いつの間にか経営上で対立することは少なくなったんです。

経営以外のところでは相変わらず喧嘩ばかりしてるけど、いてよかったなあと思える相手です。

「喧嘩するほど仲が良い」といえるほど綺麗な話ではないかもしれませんが、最初から気の合う仲間なんてものは存在しなくて、長い期間、時間をかけてぶつかり合う中で遠慮しないで済む仲間になっていいのかもしれません。

リバ邸
LIVERTY HOUSE

第2章

お金は人を狂わせる

コミュニティに関わる活動をしていると、よく「お金がなくても幸せになれる」とか「新しい時代の価値観」みたいなテーマで取材を受けたり、質問されたりします。

確かに、僕自身お金に関わることでたくさんしんどい思いをしたり傷ついたりしてきました。だからこそリバ邸をはじめて、そこからたくさんの出会いや喜びがあって、それはお金が最優先の仕事を続けていたら決して得られなかったものです。

ですが、断言しますが、コミュニティの運営や人間関係、幸せがお金とまったく無縁であるはずがないのも事実です。

コミュニティは決して理想郷ではありません。むしろ、一般的な仕事をしていたり普通に暮らすほうがよほどお金に振り回されることが少ないのでは？　と思えるほどです。

いろんな人が集まってくるリバ邸では日々めちゃくちゃな事件が起きていました。

例えば、賃貸物件に住んでいるなら必ず支払わなくてはならない家賃。ですが、どういうわけかリバ邸にやってくる人たちの中には、どうしても家賃を払いたくない人が現れます。他にも、「お前のものは俺のもの」というノリで、自分と他人の境界線があいまいな人がときどき現れます。

そんな沢山の人達と関わる中で出したのが「コミュニティを求める人は多かれ少なかれ、お金に対する疲れと羨望を併せ持っている」というのが、僕なりの結論です。

お金から離れたくて、でも、どこかで執着してしまう。僕がリバ邸で触れてきた、そんな人間らしい姿の数々を紹介していきたいと思います。

人の食べ物を勝手に食べないで

片倉

■「富を再分配してるだけ」――コミュニティ義賊Sさん

リバ邸には一般的なシェアハウスと同じように、共用のリビングがあり、そこにはみんなのものを保管する冷蔵庫があるのですが、あるとき中のものが次々となくなる事件が発生しました。それも、誰のものかわかるようにそれぞれの名前をきちんと書いていたにも関わらず、です。

百歩譲って、名前を書き忘れていて誰のものかわからない状態ならまだしも、持ち主をはっきりさせていたのに起きたこの事件。シェアハウスに住むみんなの間にも不安と動揺が広がりました。そんなにお金に困っているなら助け合えるのに、なんて思っていた僕。お金のことで苦労する気持ちは痛いほどわかります。

ところが、明らかになったのは驚きの事実でした。冷蔵庫の中身を勝手に食べていたのは、ごくごく一般的な会社に勤めるサラリーマンのSさん（仮名）だったのです。

比較的おとなしい人で、普段からお金に困っていた様子もなかっただけに、どうしてこんなことをしたのか、僕は混乱しました。理由を問い詰めた僕に彼が放った一言は、今でも忘れられません。

「廉くんは社長でお金あるんだから盗られてもいいじゃん！」

彼の言い分はこうです。廉くんは自分よりお金をもっている。だから自分が冷蔵庫の中のものを盗るのは富の再分配だ。盗るものも主に廉くんのものを盗るようにしていた。だから自分は悪くない。

義賊……！　彼はコミュニティに現れた一人の義賊だったのです。

まったくめちゃくちゃな話ですが、今では彼はきっと寂しかったのだろうと思います。普段から僕ともよく話をしてくれて仲良くやっていたからこそ、その延長でついふざけ過ぎてしまったのだろう、と。

人見知りな性格で人と打ち解けるのが苦手なSさんは、リバ邸をとても楽しんでいると常々話してくれていました。社会に出ると仕事以外で居場所をつくるのは難しいもの。だからこそ、不器用な人ほど、どこまで許されるかを無意識のうちに試してみたくなってしまうのかもしれません。

多数の人が混じり合うコミュニティの中では価値観もそれぞれなので、得する人・損する人が生まれがち。運営側が「いつも掃除をしてくれる人は消耗品の買い出しをしなくていい」「みんなの食器をいつも洗ってくれている人はゴミ捨てはしなくてもいい」などと、全体のバランスをとるのもコミュニティ運営者の大事な役割です。

お金がなくても盗みは犯罪

片倉

■「食料増えてよかったじゃん」――虫好きMさん

時代ごとで流行っているものを突き詰めたい人が集まるリバ邸。今はＴｉｋＴｏｋが盛り上がっていますが、当時はブログ全盛期。おもしろいブロガーが集まるコミュニティとして「ハイパーリバ邸」が注目を集めていました。「リバ邸に行けばブロガーに会える」という熱に惹きつけられるように、たくさんの人がリバ邸に集まる日々。虫好きの若い男性Ｍさん（仮名）もその引き寄せられた一人でした。

本人も虫ブログで一定の知名度を持っていたＭさん。リバ邸のことをとても気に入ってくれていて、コミュニティを一緒に盛り上げる仲間のような存在でした。

虫への愛が行きすぎて、ちょっと変わったことをしてしまうところがあった彼。あるとき、リビングに置いてあった僕のスウェットの中で食用の虫を繁殖させたことがありました。当然他の住人は驚いて、大騒ぎ。自分のせいだとバレた彼は一言こう言ったのです。

「食料が増えてよかったでしょ？」

あり得ない話ではあるのですが、なるほどそういうことかとちょっと納得してしまう、妙な説得力をもった人でした。

そんな彼が入居して一年半が経った頃、事件が起きました。

僕の時計を盗んでしまったのです。虫を繁殖させてしまうのとはまったく違う、れっきとした犯罪に「それ、泥棒だよ」と毅然とした対応をとった僕。彼は何も言い返すことなく、挙動不審な態度を終始とっていました。

サラリーマンだったSさんのときとは違い、どちらかというとお金がない側だった彼。でも経済的な理由でシェアハウスに暮らしていたわけではなく、コミュニティを心から楽しんでくれていたし、僕も信頼する仲間として接していただけに、なんとも悲しい気持ちになる出来事でした。

シェアハウスにはいろんな人が暮らしています。

ブロガーたちが集まれば、成功している人もいればそうではない人もいるし、お金がある人もいればない人もいる。一定の評価を得ていた彼でさえ、もっと成功している人たちへの嫉妬や、お金がないことに対する苦しさを抱えていたのかもしれません。

お金ではない価値を求めてやってくるコミュニティの中でさえ、お金をきっかけとしたトラブルは起きてしまうもの。この件は僕の中で、ひとつの場所で誰もが幸せになれるわけではないと強く実感させられる経験となりました。

ちなみに、Mさんはその後自転車で事故を起こしてしまい、さらにお金の負担を抱えることになってしまったと聞きました。

「自分が欲しかった居場所」を作ったはずなのに、「コミュニティメンバーの一員として見てもらえない」というジレンマを経験するかもしれません。そんなときはコミュニティに人格を持たせるようなイメージで許容できること・できないことを定め、自分自身もその基準に沿う形で一員となって運営してみると、コミュニティメンバーの気持ちにもっと寄り添うことができるかもしれません。

リバ邸
LIVERTY HOUSE

お金ではない価値への幻想

片倉

■払えない家賃を請求されるなら死ぬしかない——弱者の味方Dさん

コミュニティがお金ではない価値をもっているのは、僕自身の経験からも間違いなく言えることです。生きていくためのコストを下げることができて、助け合って生きていける仲間がいて。

ただ、そんなコミュニティが「お金がない人を助けるためのもの」と解釈されてしまうことで、起きてしまうトラブルもあります。「現代の駆け込み寺」を掲げていたリバ邸は、特にそんな期待を受けることが多かったし、理想と現実の間でお互いに苦しむ場面もありました。

貧困に関するボランティア活動に取り組む方が、入居者としてやってきたときのことです。

当時のリバ邸は首都圏以外の場所でも次々に拠点が立ち上がっているタイミングで、コンセプトや理念に共感してやってくる人たちが少なくない割合を占めていました。僕たち自身も、理念の発信を通じて、僕たちに共感してくれる人を属人的に集めなくてはいけないと思って活動していたのですが、それが裏目に出てしまったのです。

Dさん（仮名）は、「現代の駆け込み寺」というコンセプトにどれだけ共感したか、リバ邸の活動をどれだけ応援したいと思っているかなど、入居前にとても熱いメッセージをくれた人でした。当然僕たちも嬉しくなるわけです。「すごい人が来てくれる！」なんて期待を持ちながら。

実際に出会ったDさんは、面談中ほとんど喋らない物静かな人でした。初対面は緊張するものだし、と思いそこまで気にしていなかったのですが、問題は入居後に起きたのです。

家賃を払ってくれない。きちんと契約書を交わしたにも関わらず、そこに書かれていたことを守れない。まさかそんなことが起きるとは思ってもみませんでした。

直接話しても何も言ってくれないDさんに、家賃を払ってほしい旨をメールで伝えたところ、帰ってきたのはこんな言葉でした。

「お金がないのに家賃を払えって、死ねってことですか?」

Dさん曰く、現代の駆け込み寺なんだから家賃を払わなくちゃいけないのはおかしい、とのこと。社会正義を強く信じる彼女にとってのリバ邸は、家賃を払えない人も安心して暮らせる場所を提供する慈善団体だったのです。それからDさんは周囲にも「死ねと言われた」と、自分の主張を吹聴していたそうです。

そうか、家賃を払ってほしいと伝えたのは言い過ぎだったのか。僕はDさんへのコミュニケーションを反省する一方で、社会的な意義や理想、属人的なメッセージをもってコミュニティを作っていくことの危なさを実感していました。

どれだけ自分たちのなかでコミュニティの理想を持っていたとしても、軽々しく発信してしまってはいけない。受け取る側によっては過大な期待を持ってしまったり、自分の理想と一体化させすぎてしまうことがあるし、期待や理想が大きければ大きいほど、現実とのギャップが起きたときの苦しみも大きくなってしまう。

コミュニティが「お金では得られない価値」を生み出す場だからこそ、正義感や純粋さを持った人が集まってくる現実。周囲に過度な期待を持たせすぎないことも、コミュニティを運営する側が意識しなくてはいけない誠実さなのだと、僕はこのときの経験を通じて学びました。


顔が見える関係性だからこそ、相手への期待や甘えは大きくなってしまう。自分が抱いている期待や理想を理解してもらえる、許してもらえるはずといった気持ちからのすれ違いが起きてしまう。

自分がつくりたいコミュニティには、そこで幸せになれる人、不幸になってしまうかもしれない人、その両方がいることを忘れてはいけないのです。

コミュニティの想いやコンセプトに共感してくれるのは本当に嬉しいこと。しかし、一つのコミュニティで全ての人を受け入れられるわけではないという事実を、時には受け入れ、お断りする場面も必要ではないでしょうか。

リバ邸
LIVERTY HOUSE

お金のトラブルから学んだ居場所のつくりかた

片倉

富を再分配させたり、虫を繁殖させたり、社会正義を掲げたり——どれも極端な例ばかりで誤解されるかもしれないと思い、ここでお伝えしておきます。

リバ邸にも、「普通の」家賃滞納者はいました。

家賃や公共料金は毎月の出費の中でも大きな金額になりがちなもの。誰しも「できることなら払いたくない…」と思っているのではないでしょうか。僕もそう思うからこそ、少しでも負担を下げられるシェアハウスを提供しているわけです。

それでも、「どうしても払いたくない」人がいるんですね。その中でも特に印象に残っている元住人について語りたいと思います。それは、逆ギレされたのが深く印象に残っているGさん（仮名）です。

■「こっちは朝から忙しいんだよ！」――ただ払いたくないGさん

都内のリバ邸に暮らしていたGさん。これまでの登場人物のように特にアクの強いところがあったわけではありません。ただ、家賃を滞納しがちなのがちょっと気になるところではありました。

そうこうしているうちに、気づけば家賃の滞納が数ヶ月に及んでしまっていたG

さん。さすがにしっかり伝えないといけないと思っていた僕は、ある朝の確実に会える時間を狙って、自分の部屋から降りてきたGさんに「そろそろ家賃払ってくださいよ～」と声をかけました。

するとGさんは間髪入れず、

「こっちは朝から忙しいんだよ！！！」

とまさかの逆ギレ。（今まで寝てたじゃん）

勢いに圧倒されて何も言えない僕。ここまで払いたくない気持ちをはっきり意思表示されるとむしろ清々しい。

普段から軽いテンションで「家賃払ってね」と声をかけていて、「ごめん！」と返されるやりとりがあったので、そこまで深刻には捉えていなかった僕の落ち度もあるなと、今では思います。Gさんの話で思い出したので、もう一人印象に残っている人のお話です。

■いつも通りの飲み会だったはずが——急に失踪したUさん

「UBERで月に五十万円稼いでいる」と豪語していたUさん（仮名）。ノリのいい人で、個人的にもとても仲良くしていた友人でした。
Uさんは G さんと同じリバ邸に半年ほど住んでいたのですが、ある飲み会の翌日、急にいなくなってしまったのです。飲み会のときも何か悩んでいる様子も見せず、いつも通り楽しく会話していたので翌朝いなくなっていたことに住人一同驚きを隠せませんでした。
愛用していた原付を置きっぱなしにしていたくらいなので、よほど緊急だったのだと思います。とはいえ音信不通なので僕らにできることはなく、原付を置いていた敷地の人による貼り紙が日に日に増えていくさまを見ながら、彼の無事を願うばかりでした。

しばらくした頃、彼の原付は貼り紙ごと消えていました。自分で取りに来たのだとしたらきっと無事なのだと、ほっと胸を撫で下ろしたのを覚えています。家賃をとりっぱぐれたことはすっかり頭から消えていました。

このように大小さまざまなトラブルに直面してくる中でわかったことがあります。

それは、「ちょっと人と違うところ」があるからこそ、居場所を求めているのかもしれないということ。

個性が強いゆえに他の人たちとうまく馴染めない、社会のルールをうまく守れない、その結果、居場所をなくしていってしまう。そんな寂しさを抱えている人たちだからこそ、リバ邸を必要としてくれたのかもしれない。

この思いを裏付けるように、リバ邸のなかでもシステムの違いによって金銭トラブルが起きやすいかどうかが分かれることにも気づきました。

具体的には、個室形式よりドミトリー形式の方がトラブルが起きにくいんじゃないか？　ということ。

Gさん、Uさんが暮らしていたリバ邸は個室式で、どうしても人とのふれあいが少なくなってしまう特徴があります。極端な話、ちょっと変わった人や自分に合わない人がいても個室に入ってしまえば顔を合わせずに済んでしまう。

これがドミトリーだと、必ず誰かと顔を合わせることになるし、管理人が常に一緒に住んでいるから家賃を払わざるを得ない環境になります。

できれば、顔を合わせるためのいいわけ・きっかけづくりができる仕組みがあるとさらにいい。たとえば、あるリバ邸ではリビングに常に食べ物がある状態にしておくことで自然と人が集まるような仕掛けを作っていました。

話をしよう、と思って集まるのはハードルが高いけど、「食べ物を目当てにリビングへ行ったら人がいる」なら、気軽に交流ができる。そうして住人同士で関わっているうちに、だんだん自分の居場所ができていく。

居場所をなくしていってしまった人だからこそ、人との関わりが密にならざるを得ないコミュニティに属する、という手があるんじゃないか。それが寂しさを埋めていくことにつながっていくんじゃないか、そう思っています。

お金を超えるコミュニティの価値

片倉

「家賃を払いたくない」
「社長のお金だから盗ってもいい」
「お金に困っている人から家賃をとってはいけない」

正直、普通の不動産契約だったらあり得ない話ばかりです。

なぜリバ邸ではこんなことが起きてしまったのか。これまでの出来事を振り返るなかで、その答えの一つに「コミュニティだから」ということがあるのではと思いあたりました。

一般的な不動産契約と同じように、リバ邸でももちろん入居時に契約書は交わしています。特に初期の入居者は僕とも友達同士だったりするので、無用なトラブルを避けるためにはじめに契約関係をきっちりしておくことを心掛けていました。

ところがリバ邸では、住んでいるうちにだんだん住人同士や住人と管理人の距離が近くなっていく傾向があります。そうすると「これくらいなら許してくれるだろう」と、甘えが生まれてくるようなのです。

具体的には、「家賃を値下げしてくれないか」「引っ越しすることになったから退去時期じゃないけど違約金なしで出させてくれないか」といった交渉がはじまってきます。


もちろん、ほとんどの住人はそんなことを言ってくるわけではありません。その人だけ特別扱いをしてしまうと、ルール通りに暮らしている人たちに顔向けができなくなってしまう。そう考えているからこそ、甘えを感じる交渉事は一切受け付けないようにしています。

距離が近くなって、遠慮なく相談をしてくれるのは嬉しいことですが、コミュニティはみんなのもの。特定の人のわがままを無制限に受け入れてしまうことは、コミュニティ全体への裏切りになってしまうのです。

一方で、同じコミュニティの仲間が苦しんでいるときに力になりたいと思ってしまうのも事実。だから、こんなときこそ「おたがいさま」で解決できる道筋があるはずだと考えています。

たとえば、

・食べ物を提供してもらう分、冷蔵庫の管理や洗い物を担当する
・家賃を払えない分、リバ邸の事務作業を手伝う
・早く退去する分、新しい住人さんを紹介する

などなど。お金がなくても助け合える余白があるのが、ただの賃貸住宅にはないコミュニティの良さだと思うのです。

でも、これまでお金トラブルを起こしてきた人からそういった提案はありませんでした。それはきっと、自分のことで精一杯だから。

僕自身、自分のことすらままならない人生を送ってきたからこそ、そんな彼らの気持ちは痛いほどよくわかります。過去の僕や当時の彼らのような、自分のことでいっぱいいっぱいになっている人たちでも自然と周りを気遣うことができるような、そんな居場所を作っていくことが、お金から自由になれる、本当のコミュニティづくりなのかもしれません。

とはいえ運営者はコミュニティメンバーが相談しやすい人であるといいと思っています。ルールはルールで守りつつ、コミュニティ内の頼れる存在でいられるように、普段から「まず聞く人」でいて、状況を把握しきる前に「断ずること」をしないようにしています。

みんなの居場所はつくれない

家入

僕にとってのコミュニティは、良いことばかりで出来上がっているわけではない。

リバ邸の立ち上げ当初、僕は熱量高く「すべての人たちの居場所をつくる」ぐらいの勢いだった。駆け込み寺よろしく、誰でもみんな来いというスタンス。

でもあるとき、重度に心を患った女性が「ここだったら救ってもらえるかもしれない」とやってきたことがあった。結果としてはあまりうまくいかなくて、コミュニティはクラッシュ、彼女自身もより深く傷ついてしまった。

その経験は僕自身にも「みんなの居場所をつくりたいという気持ちなのに、なぜそれをつくれないんだ」という絶望をもたらしたのだけれど、ちょうどそのときに、あるＮＰＯの代表の方に言われたことが今でも強く印象に残っている。

「家入、居場所っていうのはレイヤーなんだ。リバ邸だからできる居場所もあるけれど、病院にかかるレベルであったりとか、行政や自治体レベルの居場所もある。居場所ってのはそのレイヤーが重なり合って出来上がっているものだから、全部をリバ邸でなんとかできると思うな」

それは「おこがましいよ」という意図の話だったと思う。

社会にはいろんな居場所が重なり合うように存在する。それによって、例えこぼれ落ちたとしてもどこかの網に引っかかって、そこを起点として立ち直ることができるかもしれない。ミスマッチが起きているのに引き留めるのは、誰にとっても不幸につながることなんだよ、と。

そこからは、リバ邸はコミュニティとしてどうあるべきなのかとより考えるようになった。もしかしたら排他性につながる部分もあるとは思うけれど、外部に対する受け入れる・受け入れないの判断軸を持つことによって、すでにコミュニティの中にいる人たちの心理的安全性を保つことは、必要なのだ。当時の僕にはその観点がなかった。だから、人を不幸にしてしまった。

そして、NPO代表の彼が僕に伝えてくれたことには続きがある。

「排除するとか切り捨てるとかではなくて、適切な場所を案内してあげることが大事だ。うちではちょっと難しいけど、例えばこういうところがあるよとか、そういう案内できるような仕組みとをどう作るかが大事なんじゃない？」

誰を受け入れて誰を受け入れないか。

その人にとって適切な場所とはどこなのか。

一概にスパッと答えが出るものでもないと思ってはいるけれど、ミクロなコミュニティの中で同質性が高まっていくことのリスクと、社会全体における多様性の確保につなげるための検証と両方の観点を踏まえて、そのときどきで考えていく必要があるのだろう。

第3章

コミュニティは人間関係がすべて

コミュニティ運営は人間関係がほぼすべて。十年のリバ邸運営を通じて僕がもっとも強く感じていることです。

立ち上げも、お金の話も、あらゆる問題はやっぱりそこに行き着くもの。「現代の駆け込み寺」を掲げていたからこそ、自分自身にいろんな悩みや課題を抱えた人がやってくるリバ邸。前章でも記した通り、一人ひとりに向き合ってきたなかで、その期待に応えられず悲しい思いをさせてしまうこともたくさんありました。

もちろん運営側が応えるべきことだけではありません。コミュニティの参加者同士で解決すべきこと、本人自身の内面で乗り越えていってほしいこと、ときには外の力を借りなくてはいけないこと――人間関係の課題は様々です。

人が集まれば仲良くなる人もいるし、ぶつかってしまう人もいる。コミュニティで活き活きする人もいれば、辛くなってしまう人もいる。それが当たり前だと気づかせてもらったのが、この十年でした。

出会いと別れ、恋愛から宗教まで。リバ邸が経験してきたたくさんのトラブルをもとに、コミュニティはどのように人間関係を築いていけるのか、この章では今の僕が考えていることを綴っていきます。

コミュニティで不幸になる人たち

片倉

恋愛は人間関係の中でもトラブルに発展しやすいことのひとつ。実際に恋愛禁止をルールとしているコミュニティも少なくありません。

ただし、恋愛禁止のルールがあっても実際には黙認されていることもあるし、恋愛ＯＫだからといってトラブルが起きないわけではありません。

リバ邸でも、恋愛禁止にしていた物件で恋愛関係に発展した人たちは少なからず存在していました。他の人の暮らしに迷惑でなければ、「まあ仕方ないよね」ということで目を瞑っていることが多かったように思います。

たとえば、自分の交際相手が他の住人に話しかけられたときに不機嫌になってコミュニティの空気を乱してしまったり、他の住人との交流を過剰に遮断して恋人同士の世界に浸ってしまったりだとか。そういったことが起きたときは、シェアハウスではなく、プライベートな物件に自分達だけで住むことをおすすめしてきています。

と、恋愛禁止の物件で恋愛が起きるときは、ある意味平和な解決策に落ち着かせることができるのですが、意外にも恋愛OKな物件のほうが複雑なトラブルに発展してしまうケースがあるのです。

それはリバ邸の初期から運営しているドミトリー形式の物件での出来事でした。

■住人同士で三角関係――Aさん、Bさん、Cさん

当時暮らしていたある男性住人（Aさん・仮名）が、同じ物件に付き合っている女性（Bさん・仮名）がいるのにも関わらず、別の女性住人（Cさん・仮名）に浮気してしまったのです。

なにもそんな狭い中でと思っていたら、彼のやらかしはそんなものでは止まりませんでした。同じ部屋に住んでいる住人が二段ベッドで寝ているにも関わらず、周りに聞こえるほどの音量でCさんと電話をはじめる始末。当時管理人を務めていた僕のところには、同じ部屋の住人からしょっちゅう報告が上がってくるようになりました。それもただの電話ではなく、恋愛関係ならではの際どい内容も含まれていたようで、はじめは面白がっていた同じ部屋の彼も、だんだん嫌気がさしていくのがわかりました。

僕自身も最初は日常のちょっとした愚痴だと受け止めていたのですが、徐々に笑えないなと思うようになっていきました。その物件には夫婦で暮らしている人もおり、コミュニティ全体に嫌な空気が生まれてしまうのも避けたかった。

頭を悩ませていたあるとき、ついに彼の浮気が交際相手同士にバレてしまったのです。

浮気相手がいるシェアハウスに住み続けるなんて嫌だ、とBさんがブチ切れ。Cさんも、Aさんは自分の方が好きだと、Bさんに対して攻撃の手を緩めません。A

さんがどんな様子だったかはよく覚えていません。

こうなってしまったら、元の楽しいコミュニティであり続けられるはずもなく。完全に人間関係が崩壊したコミュニティから、最初にBさんが、そしてAさん、Cさんと順に退去していくことになりました。

これで幕引きかと思われたこの話、実はここで終わらなかったのです。

■退去した後も続く宗教勧誘――Cさん

三角関係事件でボロボロになったコミュニティ。当事者三人の退去で落ち着きを取り戻すかと思いきや、平穏が訪れる日はまだまだ先のことでした。

トラブルの主役は、Aさんの浮気相手だったCさん。

実は彼女、退去以前からリバ邸の住人に対して熱烈な宗教勧誘をしてくることで、若干煙たがられているところがあったのです。三角関係が発覚したときも、もともとの行動が祟ってさらに立場を悪くしてしまったCさん。浮気をしたAさんが一番よくないのは当然ですが、傷ついたことでさらに宗教にのめり込むことになったC

さんは、ますます勧誘に熱をあげることに。そんな彼女を相手にするコミュニティメンバーもおらず、Cさんは居づらくなってリバ邸を退去しました。

ところが、退去後も執拗に続く宗教勧誘のポスティング。もちろんCさんによるものです。誰ひとり勧誘されるわけがないのにも関わらず毎週通い詰めるその姿に、住人たちは恐怖を通り越して呆れるほどでした。

一定期間が経った頃、さすがにもう見込みがないと思ったのか、Cさんのポスティングは止んでいました。彼女は今どこで何をしているのでしょうか。

多様性とは、弱さのことなのかもしれない

片倉

この章の冒頭で書いた通り、コミュニティの良し悪しは人間関係がほぼすべて。

お金に関することはその人の本性を映し出しますが、恋愛に関することは人の弱さを明らかにしてくれる、とコミュニティを運営する中でのたくさんの経験から学んできました。

そう、「弱さ」なんです。

弱さとは、多様性そのものだと、僕は思っています。人なら誰もが持っているもの。

特に「現代の駆け込み寺」を打ち出していたリバ邸には、特に強烈な弱さを持っている人が集まりやすい傾向にありました。だからこそ、普段の生活の中で居場所を見つけづらくてリバ邸にやってくる。逆に言うと、普段の生活は弱さが許されにくい世界だと言えるのではないでしょうか。

たとえば、コミュニティの中で対立が起きやすい要素のひとつに「年齢」があります。基本的にリバ邸は、入居条件に年齢制限を設けていません。それは年齢・世代が違っても住人同士仲良く過ごせることを前提にしているから。

実際、年齢・世代が違うせいでトラブルが頻発するわけではありません。

僕としては、上下関係の押し付けが生まれると、トラブルに発展してしまいやすいという感覚があります。そして、その上下関係を年齢で感じる人が多いだけではないでしょうか。


会社の上司と部下のように、年齢や所属の年数といった要素で発言力や決定権の強弱が決まる一般社会と違い、コミュニティでは心地よく過ごすためのルールに所属する全員が沿って行動することが望ましい。

そのために、みんなが少しずつ我慢したり譲り合ったりすることもあれば、誰もが運営に対して提案をすることができる。それがコミュニティというもの。

でもこれは年齢が高い方が正しい・職業や職種で地位が決まるというルールが身に染みついてしまっている人にとっては、なかなか理解しがたい部分なのもわかります。

そして、そういった自分を変えられない人たちこそ、居場所を求めている面もあるとわかってきました。

自分の希望が受け入れられない経験は、さらに孤独感を強めて本人を意固地にさせてしまう。そうなると、さらに自分を守るために自分の要望を押し通そうとする。ネガティブな行動の繰り返しで、ますます他人を遠ざけていくループにはまっていく。

老人ホームでも孤立する人と周りに馴染める人が分かれるそう。

年齢に限らず、コミュニティに馴染める人は、自分の常識や要望に固執せずに柔軟に物事を受け止めることができる特性を持っているのかもと思っています。

とはいっても、「そんな特性を持っている人はリバ邸のようなコミュニティに限らず一般社会でもうまくやれるのでは?」と思ってしまうのが正直なところかもしれません。そこで、どんな人がコミュニティに属することで幸せになれるのかを僕なりに考えてみました。

コミュニティで幸せになれる人の法則

片倉

前提として伝えたいのは、人は複数の依存先を持っておいた方がいいということです。

リバ邸でも、ある物件に住んでいたときはリーダー的な扱いをされてチヤホヤされていたけれど、別の物件では相性が合わず、戻ったら戻ったで元の物件でも受け入れられなくなってしまった……という人がいました。

これは特定の居場所に依存しすぎて、自分が生きられる場所の選択肢を自ら狭めてしまったのではないかと思っています。もともとどれだけ自分に合う場所だったとしても、周囲の人たちや居場所自体へ固執してしまって、感謝を欠かすと振る舞いが変わる。結局、自分自身も幸せになれない。

僕が仲良くさせていただいているいろんな経営者の方々も、実は会社や表の交友関係以外に、気の置けない大切な居場所を持っています。

では、どうやったら特定の居場所に依存せず、コミュニティを楽しむ生き方ができるのか。長年たくさんの住人たちと関わってくる中で僕が見つけた三つの法則がありました。

①自分で動ける人

一つ目は、「自分で動ける人」。

中学や高校でも、誰かに声をかけられるのを待っている人よりも、自分から声をかけて輪を作りにいく人の方がモテていたなあと思います。自ら動いた結果、周りにコミュニティができていくような感覚です。

逆に、誰かに声をかけられることを待っている人は、自分に声をかけてくれた誰か、すなわち「個人」に居場所を求めてしまうことが多い。それって、実はコミュニティではないんです。

もちろん一人ひとり性格や特性があって、誰かに声をかけるのが苦手な人がいるのは当然です。無理に輪の中心になろうとする必要もありません。

でも、一人でも二人でもいいから、大きな社会とは別に自分が動いてコミュニティを手に入れる経験は、決して無駄にはならないはず。自分らしくいられる居場所を自分で作れるという自信は、あなたの財産になります。

②人に対して諦められる人

二つ目は、「人に対して諦められる人」。

シェアハウスに住んでいると、共用部が散らかっていたり、洗い物が片付けられていないことに対してストレスを感じる人と感じない人がいます。これを「気づいた人が対応する」というルールにしていると、特定の人に負荷が集中してしまいがち。そして、その人は間違いなく散らかっていることにストレスを感じる側なのです。

つまり、基本的には「気にならない人」「他人に期待しない」＝適度な諦めを持っている人」ほどコミュニティでの生活は過ごしやすい傾向にあります。

日本人にはストレスを溜め込んでしまう人が多いそうですが、コミュニティで他人と暮らす中で、適度な諦めを覚えることは、ストレスを溜め込みにくいメンタルを育むことにもつながるかもしれません。

一方で、気にならない人に合わせるだけではなく、気になる人が否定されない環境も必要です。

「リバ邸の管理人に向いているのはどんな人ですか?」と聞かれることがあります。そのときに、共同経営者のぼりさんがよく「必ず全員が七〇点の満足度を取れるように気配りすること」と答えています。

コミュニティには、放っておいても楽しめる人、ケアが必要な人、一人でいるのが心地いい人など、それぞれの特性をもった人たちが存在します。皆が気にならない人ではない以上、ストレスを抱えやすい人もそうでない人もそれぞれに合った楽しみ方・過ごし方をできるようコミュニケーションをとれる管理人の存在も、コミュニティを楽しむ生き方の実現において大切な要素の一つです。

③自分で自分を変えようとしている人

三つ目は、「自分で自分を変えようとしている人」です。

シェアハウスに限らず、コミュニティを求めている人の背景には、今自身が置かれている環境に対するもやもやがあることが多いはず。そこから抜け出そうと踏み出したその一歩が、まさに自分を変えるアクションだと思うんです。

誰かに変えられるのではなく、自分の意志で自分を変えようとするからこそ、幸せになれる。

たしかに最初は現実から逃げることだったかもしれない。でも、自分を変えようと動くことができる人には、きっと幸せになれる居場所がある。

自分が動いた先には、同じく自分を変えようと踏み出した仲間が待っているから。

駆け込み寺の功罪

家入

リバ邸の初期、僕の役割はメンバー内で意見が割れたときに間を取り持つことだった。月日が経ち、リバ邸が形を変えていく中で、僕の役割はだんだんと「居場所の重要性」をメッセージとして発信していくことへと変わっていった。

意見が割れる主なパターンは、「オープンさ」に関することが多かった。

六本木のリバ邸は二十四時間解放されていたのだけれど、他のリバ邸では「ようやくできた居場所を外からやってきたやつに壊されたくない」「オープンにすること自体が絶対イヤだ」といった声が上がってくるようになっていた。

僕からは「自分たちの居場所ができた途端にそれを閉じるっていうのはなんか違うんじゃないの？」と自分の気持ちを伝えたものの、「知らない人がいつでも入ってくることができるのって、元々住んでいたメンバーの心理的安全性が担保されないよね」という意見が出たりして。年に一回リバ邸合宿を開いて、考え方のすり合わせもしていたけれど、うまくいくこともあれば納得しきれない部分を抱えていたメンバーもいたと思う。

当時はリバ邸で掲げていた「現代の駆け込み寺」という面を強く押し出していたこともあって、そのメッセージに惹かれて集まってきた人たちがたくさんいた分、揉めごとやトラブルが起きたり、自分たちで納得のいくリバ邸を立ち上げる動きも結構あって、本当にカオスだったから。中には「反リバ邸」を謳う集団が出てきたこともあった(笑)。

もちろん笑えないんだけど、その状況が生まれる土壌を面白がりつつ、実際対応に当たってくれた廉くんやぼりさんはめちゃくちゃ大変だっただろうなと。彼らは「ふざけんな!」と思いながらやってくれてたんじゃないかな。

僕をあてにしないでほしい

リバ邸や僕に対してアンチの人も、きっと苦しさを抱えてたんだろうなと当時から思っていた。批判されたりトラブルを起こされたときも、僕自身が苦しいというよりは、そもそも相手が苦しんでるよなあという気持ちが強かった。

でも僕が彼らの話を聞いてあげたところで何も解決しないし、まして「家入に会えればなんとかなる」という、その構造自体がそもそも歪というか、依存性があって。そういった方々は結局のところ、何かに依存しないと、その瞬間は生きていけなかったりするわけで。

依存先がたまたまそのタイミングで僕であり、彼ら彼女らの望む回答や行動を僕ができなかった、求める像からずれた瞬間に「やっぱり家入は違った」と思わせてしまう。家入やリバ邸が敵認定されてしまい、彼ら自身は違う依存先を探しはじめるという。

僕に対してアンチになるのは別にいいのだけれど、この構造って結局誰も救われない、辛いままだな、と。本来リバ邸はそんな構造を解決するためのコミュニティでもあったと、僕は思っていたから。

だから「家入に会いに来たけど、家入がいないリバ邸」が結果として、リバ邸に集った人たち同士をつなげる機能を担っていき、彼ら自身が自分の役割であったり、やれることを見出していく流れがその場で生まれるといいな、と願うようになっていった。

正直なところ、時間的な部分も含めて一人一人と向き合うのもしんどくて難しさもあったし、言葉を選ばずにいえば「僕をあてにしないでほしい」という気持ちもあったのは事実だ。

コミュニティに必要なのはカリスマではない

家入

僕がいうのもおこがましいのだけれど、シェアハウスをはじめとした居場所やコミュニティは、やはり持続することがすごく大事だと思っている。

一時期のシェアハウスブームだったり最近のコミュニティ論の盛り上がりだったった

り、流行り廃りはあるけれど、居場所づくりは十年単位の仕事だと思っていて、本当に長い時間がかかるもの。コンセプトだけの一発屋的に立ち上がることも多くて、それがすべて悪いことではないとはいえ、長期で見たときには淘汰されていったり「そういえばあれどうなったっけ?」と忘れ去られていったものもたくさんある。

そんな中でリバ邸がここまで長く続けてくることができたのは、廉くんやぼりさんの力も大きい。本当にすごいと思うし、感謝しかない。そういった意味でもリバ邸は僕や新平くんが立ち上げたところから次のフェーズに突入したんだなと実感している。


「現代の駆け込み寺」として立ち上げたことそのものは、僕にしかできなかったかもしれないけれど、続けることは逆に僕ではできなかった。当時の自分の若さを言い訳にしたくはないし、打ち上げ花火的な気持ちでやったつもりももちろんない。居場所をつくりたいのも本音だった。

ただ一方で、コンセプトを世の中にぶつけて、そこからいろんな人たちが集まってくる中で、それをどう持続させていくのか、どうやって本当の意味でのコミュニティにしていくのかといった観点は僕にはなかった。

当時から自分が中心に居続けたいと思ってはいなかったけれど、注目を浴びたい気持ちがなかったと言えば嘘になるだろう。だけど、時間が流れた今、コミュニティにとって自分のようなカリスマは必要ないという結論に至っている。

リバ邸がコミュニティになったのは廉くんやぼりさんのような「続ける人」のおかげだ。

「恩送り」のコミュニティ

なぜ継続していくことが大切なのか、ということについて少し話したいと思う。

僕は、社会は上の世代から恩恵をいただいて下の世代につないでいく「恩送り」でできていて、恩送りが循環して生態系になると考えている。

「シリコンバレーを日本に」などと言われて久しいけれど、そのシリコンバレーがどうやって今の形になったのかを考えないといけない。スタートアップの精神性やたくさんの試行錯誤が、世代を超えて継承される中で少しずつ広がっていった生態系のことを、シリコンバレーという環境に当てはめているなら、ただその形や言葉だけを真似るのは違う。

コミュニティとは、まさに今、居場所がない人が自分自身の居場所をつくることによって、同じ苦しさを抱える次の世代にとっての居場所になっていく、という恩送りそのものだ。

居場所があるからこそチャレンジできて、その結果、自分だから今できる居場所づくりがある。それはリバ邸じゃなくてもいいだろう。

形はどうあれ、一世代で終わって恩送りが断絶してしまうのは、コミュニティの本質から外れてしまう。継続することで、本当のコミュニティになるのだ。

「継続」が奪うもの

ただ、矛盾するようだが「立ち上げた以上は絶対継続しなきゃいけない」となると、それはそれでしんどいなという気持ちもある。若い頃の僕が「やるからには継続しなければならない」と思っていたら、リバ邸なんかたぶんやっていないと思うし、リバ邸に限らず、会社経営やＮＰＯにもフェーズによる変化はあるだろう。

僕は自分自身の経験をベースとして、居場所のなさによる社会への憤りであったり、怒りを原動力のひとつに色々なものを立ち上げたけれど、やはり怒りだけではどうしても持続しないのも事実だ。


ゼロをイチにするためには、圧倒的な念、情念であったり、感情で立ち上がることが必要かもしれない。でも、いつまでも同じ怒りの状態を維持してしまうと、自分自身や周りを傷つけてしまったり、歪な形になってしまうことも往々にしてある。

何かを立ち上げたあとは、視座が上がったり、景色が変わっていくことによって自分自身も変化していくし、それはごく自然なこと。逆に、最初から「こうでなければならない」と思い込みすぎると、踏み出すのが億劫になってしまうはずだ。

ただ、怒りのようなすごく個人的なスタートから、社会的なものへとフェーズが変化していく中でも、根っこにある想い、メッセージやビジョンはそんなに変わらないもの。大切なのは、個人の想いと社会性のバランスをどうとっていくかということなんだろうなと感じている。

第4章

すべてを“許す”コミュニティ、リバ邸ができるまで

ここまで語ってきたリバ邸についての話を通じて、こんなめちゃくちゃなことだらけでよく十年も続いたものだと思われているかもしれません。僕自身、信じられないくらいですから。

振り返ってみて、リバ邸の一番の特長は「許す」ことにあるのかもしれないと思うようになりました。

どんな人にもある弱さを丸ごと受け止めることができるコミュニティ、それがリバ邸なのだとしたら、そんなリバ邸はどうやって生まれ、育ってきたのか。

何者でもなかった僕がリバ邸と出会い、家入さんから引き継いでただがむしゃらにやってきたこと自体が、リバ邸が起こした最大の奇跡なのかもしれない。

そんな思いから、この章では株式会社リバ邸の代表である僕のことを通じて、十年続くコミュニティのつくりかたのヒントを探っていけたらと思います。

ひいおばあちゃんと手をつながないと眠れなかった幼少期

片倉

自分の生い立ちで一番最初に思い出すのは、「好きな色は？」と聞かれて「ピンク！」と答えていたこと。

ピンクに特別な思い入れがあったわけではありません。同世代の男の子たちはみんな「赤！」とか「青！」と答えている中、絶対人と同じが嫌だと思っていた僕は、誰とも被らないようにそう答えていました。

ほかにも、将来の夢を聞かれたときには「妹が医者になるのでその金で食わせてもらいます」と答えたり、まっすぐな瞳で「プロ野球選手になりたい！」と言ってる友人を冷めた目で見ていたりと、だいぶひねくれた子どもだったなあと思います。

そんなに拗らせてしまっていたのは、たぶん寂しかったから。事業を営んでいた両親が離婚して、母親は祖父母のスーパーを手伝うようになり、親に構ってもらうことが極端に少なくなってしまったのを覚えています。

当時一緒にいてくれるのはひいおばあちゃんと妹だけ。夜寝るときには必ずひいおばあちゃんが手をつないでいないと不安で眠れないようになっていました。

大きくなってからも寂しさで眠れない癖は治らず、中学生の頃まで寝るときには映画『耳をすませば』を流していたくらい。最後の『カントリーロード』が流れ出すタイミングでようやく眠りに落ちる毎日でした。

そして、それまで羽振りがよかったのに、だんだんと裕福では無くなっていく家庭。ベンツだった車が軽自動車になったりと、プライドの高い母親がストレスをためていく様子を子どもながらに理解していました。

おばあちゃんっ子、暴走族になってボコボコにされ続ける

片倉

寂しがりやが高確率で通る道、不良。中学校に上がった僕も、もれなくタバコを吸ったり深夜徘徊をし出すようになります。

とは言っても、ガチな悪さをするわけではなく、はじまりは「眉毛を剃ってたらカッコいい」「グレてるのがカッコいい」くらいの軽い気持ちから。中学で入った野球部でタバコを吸わされたのを皮切りに、夜中にわけもなく集まったりといったかわいいものでした。誰も自分のことを気にかけていなかったので、夜中でも抜け出しやすい家だったことも大きかった。

父親がいないことやそれによって同情されること、すべてのイライラを母親に対してぶつけていたのもその頃です。祖父母が切り盛りしていたスーパーも経営が悪化して潰れたのですが、それすらも手伝っていた母親のやる気がなかったせいだと

思っていました。

今思えば、母親も母親で大変だったのだと理解できます。でも、やっぱりその頃の僕には言葉にできないやりきれなさをぶつける先が必要だった。

今も母親とは反りが合わないままですが、誕生日プレゼントを送ったりするくらいの関係にはなれました。

そうこうしているうちに高校に進学するも気づいたら退学して暴走族のリーダーをしていました。ただ言い出しっぺだったからというだけで、当時つるんでいた友達と六人のチームで頭を張ることになってしまったのです。

ところが、ただ目立ちたいだけではじめた暴走族。喧嘩が強いわけでも、めちゃくちゃワルいわけでもない僕がずっとリーダーでいられるはずがありませんでした。よその暴走族と喧嘩になったときボコボコにされたことで、あっけなくリーダーから降ろされてしまいました。

それからは負けたショックで自分に自信をなくして落ち込んでしまった上、怖い先輩たちから呼び出されたり、偽物のブランド品をクラブで売り捌かされたりと、地獄のような毎日を送ることに。ただ目立ちたいだけだったのに、どうしてこうなってしまったのか……。一気に暴走族へのやる気をなくした僕は、チームを抜けることにしたのでした。

もちろん、言い出しっぺの自分が簡単に辞められるわけもなく。チームの皆にボコボコにされるだけでなく、毎日家の前まで押しかけられる日々が待っていたのです。ＳＮＳに逃げようと思ってもつながりはヤンキー関係ばかり。絶望の中、孤独な引きこもり生活がスタートしました。

スピった母親と、世界一周への船出

片倉

学校も友達も、すべてを失い何をすることも怖くなってしまった僕は、そこから引きこもり生活をはじめることになりました。暴走族時代の仲間が押しかけてくるんじゃないか、またボコボコにされるんじゃないか、怯えて暮らす毎日がすぎていきました。

そんな僕の姿は、周囲にも影響を及ぼします。事業の失敗からまいっていた母親も、息子が引きこもりになってしまった事実が追い討ちをかけたのか、スピリチュアル系の世界に傾倒していくように。

暴走族時代のほとぼりが冷めても家から出られずにいる自分自身に、自己嫌悪を募らせる毎日。引きこもりはじめて半年がすぎた頃、母親が僕に言いました。

「ずっと家にいるくらいなら、世界一周でもすれば？」

この言葉が僕の人生を変える転機となりました。

世界一周といえば、で訪ねたのが、当時街中に貼ってあるポスターを通じて存在だけは知っていた「ピースボート」。そこでディレクターの井上直さんから語られたのは、それまでの生活とまったく違う、未知の世界の話。九州のヤンキーだったという井上さんのバックグラウンドに親近感を覚えたのもあって、一気に世界一周の旅の魅力に引き込まれている自分がいました。

「これは行くしかない！」そう決めてから最初にとった行動は、暴走族時代から大切にしてきたバイクを売ること。ピースボートといえば、ポスター貼りのボランティアをやることで乗船費が割引きされる仕組みがあって、同世代の若い人たちの多くはポスター貼りを頑張っていたのですが、地元で外に出られない僕にそれは難しい。そこでバイクを売り、さらに親戚にお願いをしてなんとか乗船費を工面することができました。

いざ乗ってみたピースボート。なんと、船には自分のようなヤンキーが全然いなかったのです。焦った僕は頭をフル回転させました。

「ヤンキーが集まるところといえば……喫煙所だ！」

目論見は当たり、喫煙所に集まる人たちはどこか近い香りのする、面白いおっちゃんやお兄さんたちが多く、すぐに仲良くなることができたのです。世界一周の船旅なのに、仲良くなるきっかけは有名な観光地ではなく喫煙所。それすらも僕のこれまでの生き方が肯定されたような気がして、とてもうれしかった。

仲良くなった彼らとは、ヌーディストビーチで走り回ったり、旅の間中バカなことばかりして楽しんでいました。地元にいたら出会えなかった人たちとの出会いに、こんな自分にもまだ友達ができるんだ、と無邪気に過ごしていたあるとき、事件は起きました。

ルームメイトの大学生が入っているお風呂に、いつもの悪ふざけのノリで突入した僕。お風呂に突撃された彼のリアクションは、僕がまったく予想していなかった一言でした。

「お前みたいな中卒と絡みたくないんだけど」

今思えば、喫煙所友達と過ごす日々で完全に油断していたのです。自分は誰かに認められるような人間じゃないんだった——。

それからは忘れていた劣等感と再び付き合う日々が待っていました。

周りの大学生たちと自分との違いは容赦なく僕を苦しめ、地元にも誰も僕を待っている人はいない。もちろん旅の続きはとても楽しかったけれど、孤独感はずっと消え去ることがありませんでした。

幸い暴走族を脱けるときとは違ってボコボコにされたわけじゃない分、この目の前の相手とどう向き合っていけばいいのか、これから自分はどう生きていけばいいのか、そんなことを考える時間があったのは幸いでした。

そんなピースボートでの時間と出会いは、僕の将来につながる一つの目標と選択肢を与えてくれました。それは、「この大学生たちより絶対に稼げるヤツになる」ということ。何かで勝たないと乗り越えられないなら、シンプルに一番わかりやすい「お金」で勝とう。

そう決心して、僕の世界一周の船旅は終わりを迎えたのでした。

新人ホスト、歌舞伎町でボコボコにされる

片倉

ピースボートで出会った人がきっかけになって、歌舞伎町でホストをやる選択肢を手に入れた僕でしたが、実は帰国後しばらく本当にホストになるのかどうか踏ん切りをつけられずにいました。

地元に居づらいこともあり、船で出会った友達に会いに日本各地を転々としながら、ついにホストになる決心を固めて歌舞伎町に降り立ったのです。

そして入店初日。目を覚ました僕は、全身傷だらけでネズミだらけのゴミ捨て場に倒れていました。

あろうことか、お客様が入れてくれたシャンパンであっけなく酔い潰れた僕は、そのみっともない姿にキレた先輩たちにボコボコにされ、店の外に放り出されてしまったのでした。一般的にはめちゃくちゃな話ですが、ここはそういう世界。初日

から夜の街の洗礼をしっかりと浴びることになりました。

その後はホストとして売れるためにひたすら頑張りました。外回りの結果、少しずつお客さんがついてくれるようになり、お気に入りのホストが逮捕されたことで担当替えしてくれた太客の人がいたりと、順調に売上を伸ばした結果、ついにお店でナンバーワンの座を手に入れることができました。

ところがホストをはじめて二年ほど経ったある日、ついに転落のタイミングが訪れました。

同僚のホストが僕の太客に対して爆弾行為（お客様の横取りやホストにダメージを与える行為）を行ったのです。お客様との信頼関係が壊れてしまった僕の売上は急落、お店のナンバーからもランク外になってしまいました。

それまで家族のように接してくれていた店の人たちは、嘘のように冷たくなり、かといって退職もさせてくれず飼い殺しにされる日々が続いていきました。

やっとのことでホストクラブを抜け出した後は、一緒に住んでいたキャバクラの女の子のヒモとして暮らしていたのですが、ホストじゃなくなった僕に価値はないと追い出されてしまいました。こうして、また僕はすべてを失うことになったのです。

ガールズバー店長、八王子でボコボコにされる

片倉

歌舞伎町を離れ、すべてを失った僕。どうやって生きていこうかとぼんやり考えていると、夜の街で出会った人に誘われて八王子でお店をやることになりました。業態はガールズバー。ホスト時代に出会ったお客さんたちに声をかけて、キャストとして働いてもらったのですが、これが大当たり。瞬く間に人気店の仲間入りを果たすことができました。

人気店になれた秘訣は、とある作戦を立てて取り組んだことにありました。それは、レベルの高い子を最後の五分だけつけて延長したくなるようにもっていく、と

いうもの。ホスト時代から作戦を立てて実行するのが得意だったのですが、ガールズバーではさらにその才能が発揮されました。

店の売上が伸びると、周りとの関係もよくなっていきます。当時はしょっちゅう同じエリアの同業者のお店に飲みに行ったりと、仲良くできる友達ができたな…と思っていました。

ところが、半年経った頃に自体は急展開を迎えます。店長が客引きで逮捕されてしまったのです。もちろん店は営業停止に。経済的にも風評でも損害を受けることになった物件オーナーさんは怒り心頭、僕はまたしてもボコボコにされ初めて入院することになりました。

さらに雇っていた女の子たちはもちろん、仲良くしていたはずの同業者たちも一斉に手のひらを返して「あそこはもう終わった」と言われるようになりました。

水商売だけに、友情も流れていくものだったんだなと妙に冷静に事態を眺めていた僕は、今思えばだいぶ病んでいたのかもしれません。

体のケガが治って退院することができたものの、心の傷は深く残ったまま。このまま地元に帰ることもできないのでリゾートバイトで働くも、夜の世界に慣れきった僕に、自然豊かな環境は物足りなく映ってしまいます。

身の振りかたに悩んでいたそのとき、東京で話を聞いてくれた先輩からもらったアドバイスがリバ邸につながる転機となったのです。

不動産営業マン、池袋でボコボコにされる

片倉

夜の世界に疲れて人生迷子になっていたそのとき、東京で不動産業を営む先輩からこう言われました。
「お前、そろそろちゃんと働けよ」
なんてことはない、今思うと本当に当たり前すぎることかもしれません。でも、当

時の僕にはあまりにも納得感のありすぎる一言でした。

その言葉をきっかけに、先輩の営む不動産の仕事につくことになった僕。業務内容は、業界でも一番ハードだと言われるワンルームマンションの営業でした。

これが案外合っていたようで、初月から好成績を納めることができたのです。大喜びしてくれた先輩とお祝いをすることになったのですが、ここでまた事件が起きます。


なんでも好きなものを頼めと言ってくれた先輩。僕はその言葉を信じて元気いっぱいに注文しました。

「オムライスをくださいっ!」

今考えても納得できないのですが、オムライスを頼んだ僕に先輩の怒りスイッチが入ってしまったようで、そのまま池袋西口公園に連れて行かれボコボコにされてしまいました。


そんな理不尽なスタートではあったものの、不動産の仕事ではとにかく成果を出すことに集中したことで、すぐに昇進し役職につくこともできました。

ところが、なんでもやりすぎは禁物ということなのでしょう。成果を上げすぎたことで今度は退職することができなくなってしまったのです。退職して違うことをやりたいという話をしたところ、またしても先輩からボコボコにされてしまいました。さすがに諦めざるをえなかった僕は、一旦完全に退職するのではなく、業務委託で不動産営業の仕事を続けながら、新しい事業を自分ではじめることにしたのです。

道具ではなく、個人として

片倉

新しくはじめたのは民泊の事業。オーナーさんのいる物件を、当時プラットフォームが広がりつつあった民泊の仕組みで運用していました。
それからさらにシェアハウスへと事業を広げていったとき、これまでで一番「仕事が楽しい」と思えるようになったのです。それは、誰かを幸せにした対価としてお金を得られている感覚によるものでした。

それまでの仕事はどれもお金を稼ぐことが唯一の目的で、そのためにどうやったら効率的か、うまくやれるかと考えてひたすら実行する、いわば金稼ぎマシーンのような働き方をしていました。それはそれでやりがいもあったし、自分の力を確認することもできて自信もついた。

でも、そこに喜びはなかった。金稼ぎマシーンと化した僕を必要としてくれる人は、あくまでも利用価値のあるヤツとして認めてくれているだけ。お金を稼げなくなった途端、周りから去っていく人ばかりでした。

それがリバ邸をはじめてからは、仕事やお金が、好きな人たちと一緒にいるための手段に変わったのです。

身の回りにいる人たちが僕に求めているのは、お金やメリットではなく一緒にいること。居場所を作って、一緒にいる。僕が欲しかったものが、そのまま今の僕の仕事になったのです。

そして気づいたのは、どれだけお金があったとしても、自分が本当に居心地のいいと思える環境やコミュニティにいなければしんどいということでした。

思えば中学時代の暴走族も、最後はボコボコにされたけれど今思えばとても楽しかった。ピースボートで暴言を吐かれた名門大学生も、大喧嘩した不動産屋の先輩も、今では仲直りすることができています。当時は辛いこともあったけれど、一番根っこのところではわかりあうことができる存在だったのだ、と、居場所を手に入れることができた今の僕だからこそ思えています。

価値観のズレは誰と誰の間であっても起きうることだけれど、ひとつひとつに思い詰める必要はありません。その瞬間は違う道をいくかもしれないけれど、成長した姿でまた交わる可能性があるのだから。

非日常の居場所づくり

片倉

誰かと一緒にいたい。その気持ちだけでやってきたリバ邸が、全国で一〇〇軒を超えました（現在は閉鎖したものも含みます）。

はじめは暴走族のときと同じで「自分がつくったものに人がついてきてくれるのが嬉しい」という気持ちでした。でも、今ではリバ邸を「自分の居場所」として共感を持って住んでくれている人がいること自体が一番の喜びです。

これまで紹介してきたように、たくさんのトラブルに直面してきたし、ひと癖ある住人たちには苦労させられてきたし、いつまで経っても大金持ちにはなれないし、みんなにめちゃくちゃ感謝されるわけでもない。でも、間違いなく必要としてくれる人がいる。リバ邸はそんな人たちにとっての日常を支えるインフラに育ってきたのだな、と思います。

一方で最近僕が取り組んでいるのが、山梨のキャンプ場や新宿のシーシャ屋さんなど、「非日常の居場所」をつくること。僕と関わる人たちが喜んでくれる場所を増やしたい、そう願ってはじめた新しい事業が会社にも新しい波を生んでくれました。

僕はきっと刺激中毒で、すぐ何か新しいことに挑戦したくなるし、嫌なことからは逃げ出したくなるタイプです。でも、ひとつのところに落ち着きたいと思うときもある。だからこそ、今のように「ハレとケ」両方の居場所づくりをやるのが自分に合っているのだろう、と妙に納得しています。

ハレの非日常も、ケの日常も、どちらも誰かの居場所として人を幸せにする役割であってくれたらなによりです。

許しあうコミュニティのつくりかた

片倉

リバ邸をやってきてよく言われることのひとつに「廉くんって優しいよね」という言葉があります。それは、いろいろなトラブルを起こす住人さんたちのことを（結果的に）許してきたからなのかな、と思います。

でも、自分では優しいつもりはないんです。むしろキレるときはしっかりキレるし、ルールはきっちり守ってもらう。

ただし大切にしていることがあって、それは過去の過ちをいつまでも責めないことです。なぜなら、僕自身がたくさんの「許し」のなかで生かされてきたから。

暴走族のときに僕をボコボコにした友達と8年ぶりに会ったとき、当時引きこもっていたのが嘘のように打ち解けることができました。彼らが暴走族を裏切った僕に対して持っていた憎しみや怒りは、あくまでも当時のもの。時間が経って「もう、どうでもいいこと」になっていたのです。

ピースボートで「中卒とは絡みたくない」と罵ってきた大学生とも飲みました。僕の怒りも彼の不快感も「昔のこと」になっていた。

他にも関係が拗れてしまったたくさんの人たちと、意識的に再会するようにしてきたのですが、決まってそこには「許し」が生まれていました。

相手との関係性を決めるのはあくまでも自分自身。だから、人との間に勝手な線引きをしないことがとても大事です。

なかにはどうしても合わない人がいるかもしれません。そんなときは「この人みたいな生き方をしないようにしよう」と気づきを与えてくれたことに感謝していきます。

でも、大体の場合は直接会って腹を割って話して、ときには喧嘩をしながら、相手のことを好きになってきました。そうすると、いつの間にか自分の好きな人たちに囲まれた居場所が出来上がっていた。それが、リバ邸でした。

目の前の相手を決めつけずに「この人と何ができたら楽しいだろう?」と思いをめぐらせる。

自分と相手の「やりたいこと」が重なる奇跡に胸を熱くさせる。

過去に囚われず、相手と自分の「今」に集中する。

すると、そこにはあなたの「居場所」ができているはずです。

コミュニティを継ぐためのアクション

家入

廉くんにリバ邸を託したのは、彼がリバ邸を継ぐために本気でアクションを起こしてくれたから。

かつて僕が動けない時期に、あるリバ邸でトラブルが続いたことがあった。その中で、複数のリバ邸を着実に運営してくれていた唯一の管理人が廉くんだったのだ。それまでにも「リバ邸を引き継ぎたい！」と言ってくれる人もいたが、理念先行で実務が追いつかず持続しなかった。

そんな中、廉くんは若くして自分の立ち上げたリバ邸で実績も出していた。さらに代表権の継承を検討している最中で、もともと採算度外視で運営していたリバ邸に、運営する側にも利益の出る仕組みまで作ってくれたのだ。「これは任せるしかない！」そう思った僕は、迷いなく、廉くんに引き継いでいくことにした。

そんな廉くんへの印象だが、ヤンキー的カルチャーというか仲間思いで、人と向き合うことが好きな人だなと感じている。

彼も僕のことを、誰かそりの合わない相手がいたとしても完全に否定しないところ、縁を完全には断ち切らずに、またどこかでその縁が回ってくると考えているところが自分と近いと言ってくれた。お互いドロップアウトしてきた背景のせいかもしれない。

縁の話は本当にその通りだと思っている。見えない何かが回っていて、昔縁があった人とまた一緒になったり、飲みに行って熱く語ったりすることもある。

リバ邸もその一つだ。「コミュニティとして本当に忘れられないつながりができた」と言ってくれる人がいたり、「リバ邸で人生変わりました！」と言ってくれる人もいたり、本当にありがたい。

そうそう、廉くんにはよく怒られている。

歳を重ねると怒られることってなくなっていくのだけれど、こんなにも年が離れている相手に「これはダメっすよ」みたいなことを言ってくれる人がいて、それに対して僕も「すみません」と言える関係性って貴重じゃないだろうか。もちろん僕もそんなに素直じゃないときもあるけれど。

廉くんと話した炎上の乗り越えかた

引き継いでもらうことになってから、廉くんとは、リバ邸の変えてほしくないことについてちょくちょく話していた。

廉くん自身にも、リバ邸のことを大きく変えていきたい気持ちはなかったから、根本のズレがなかったのは幸いだった。特定のリバ邸についてのダメ出しや批判が出なかったことにも、廉くんらしさを感じた。

そういえば、トラブルが起きたときの対策については、特にしっかり話していた覚えがある。廉くんからも「家入さんのトラブル対応についての話は一番印象に残っている」と話してくれていたな。

リバ邸は自由にやっている分、炎上しないためにもトラブル対応が大事だと思っている。僕自身いろいろな炎上を経験して学んできたことがあったから「トラブルのときは廉くんが率先して出てきて対応しなきゃダメだ」と伝えていた。

リバ邸や代表の廉くんが炎上してしまうと、リバ邸を日々居場所としてくれている住人を不幸にしてしまう。彼らは本来、その炎上とは関係ないはずなのに。それは起きてはいけないことだし、絶対に避けたい。

でも、もし炎上してしまったらどうするか。

乗り越えるためにもっとも大事なのは、自分たちがどんな想いでコミュニティを運営しているかありのままに話すこと。このピンチを、改めて原点の想いに周りを巻き込んでいくためのチャンスだと捉えることだ。

第5章

究極のさみしがり屋が向かう先

誰かが別の誰かに石を投げなくてもいいコミュニティ

片倉

「リバ邸の本を出そう！」

そう思ったのは、ＥＸＩＴ兼近さんのニュースが話題になったことがきっかけでした。別の強盗事件で逮捕された人物とともに、過去に窃盗事件を起こして逮捕されていた過去が明るみに出たことで、当時ＳＮＳには兼近さんのことを批判する投稿が溢れていました。

兼近さん自身は過去に対して反省し、現在は自分と同じように家庭環境などの問題から犯罪に手を染めてしまう若者が出ないための発信に取り組んでいます。

ですが、ＳＮＳで兼近さんのことを叩く人たちはそんなことはお構いなし。一度失敗した人はその後どのように人生を歩んでいたとしても、いつまでも過去のことを掘り起こされ、ＳＮＳで吊し上げられる。

人の過去を暴いてディスって、それって本当に楽しいのかなって、相手の背景や気持ちを想像できない、相手の立場に立てない行動が繰り返される様子に、怒りというよりは、こんな風になっちゃう世の中やばくない？ という気持ちでした。

僕自身に学歴がないことや、社会で理不尽な扱いを受けることには慣れていたし、自分の責任だと思えていた。けれど、他の人が同じような目に遭っているのを見ると、その人がそうならざるをえなかった環境の責任にも目を向けてほしいと思ってしまったんです。

一方で、誰かを吊し上げることでストレスを発散している人もいるわけで、そういった負の連鎖があることにも心が苦しくなっていました。

そもそも兼近さんのニュースが目に入ったのは、リバ邸を頑張ってきて、会社が安定してきたからこそ。ちょうどお金以外のことにも目が向くようになってきたタイミングでした。

誰かが別の誰かに石を投げなくてもいいコミュニティとして成長してきたリバ邸は、今こそ世の中の役に立てるんじゃないか。

もし助かる人がいるのなら、リバ邸のことを広めなきゃと思ったんです。

少なくとも僕の目に入る範囲で、リバ邸の中には人の過去をディスる人も笑う人もいない。

リバ邸のことを知ったら、そしてリバ邸に住んだら、少しでも気持ちが軽くなる人が増えるかもしれないと思ったことが、今回本を出すことにした一番の理由でした。

人生を切り拓く場所になったリバ邸

片倉

事業をやっていくときに「こういうことがやりたい！」という熱意はとても大切です。でもそれだけじゃうまくいかなくて、同時にそろばんを叩けることが同じくらい重要だと思っています。

十年。熱意とそろばんをやりくりしながら、どうにかこうにかリバ邸がたどり着いた節目です。

僕の場合「ダメでもともと、所詮僕だし」というマインドで、失敗してもまた何かやればいいやと考えていたのもあって、ここまでやってこれたのかなと思います。もし僕がエリートだったら、親から「せっかくいい大学を出たのに何してんの」って言われていたかもしれませんが、僕はそもそも中卒。スタート位置が低いのはしょうがないし、かといって全部諦めて死ぬのも怖い。どうせ死ねないならやるしかないな、と生きてきました。

文句を言っていても何も変わらないから、学歴もないしホストやるか、ガールズバーやるか、みたいな感じであんまり深く考えずに歩いてきた道です。どうせ普通に就職できないんだし、だったら面白いことをやろうと、ぼりさんにもよく言っています。

そうして試行錯誤しながらやってきた今、若者支援の活動をしているＮＰＯと連携した居場所づくりなど、家入さんから受け継いだ当時からは想像できないぐらいの役割を担う存在にリバ邸は成長してきました。


口にすると胡散臭くなってしまうけれど、人はみな「誰かを助けたい」「少しでも力になれたら嬉しい」という気持ちを持っていると思っていて。その気持ちをどんなやり方で形にできるのかは、自分がどんな生き方をしてきたか次第なのだと実感しています。

僕はたまたまリバ邸を引き継ぐことになって、シェアハウスという居場所に関わる事業をやっていたから、若者支援の活動をしている方々と出会ったときに「一緒にこういうことをしたら、少しでも楽になる人が増えるんじゃないか」という提案ができました。

これがもし、僕が違う働き方をしていたらそんな話にはならないわけで。たまたま自分たちが居場所づくりがメインの会社をやっていて、誰かの役に立ちたい、喜ばせたい気持ちが頭の片隅にあったから、結果的に誰かを助けられたんです。

リバ邸をやっていなかったら出会うことのなかった、人生に関わる話は他にもあります。

これまで本の中では、リバ邸での過去の珍事件を中心に話してきましたが、逆にリバ邸をうまく活用して飛び立っていってくれた人たちのこと。

地方からやってきた高校生のヤンキーは、上京するためにリバ邸を寝食の場として活用して自らエンジニアになるために勉強したのち、大手ＩＴベンチャーに入社。退去時までコミュニティのルールをきっちり守ってくれました。このまま年をとっていくことに不安を感じていたある会社員は、フリーのカメラマンとしてのキャリアに挑戦、リバ邸経由で仕事を獲得するようになりました。今ではリバ邸と同じく家入さんが創業者である株式会社ＣＡＭＰＦＩＲＥの部長職を務めています。

こうやって僕が想像を超えるほどにリバ邸をうまく使ってくれている人たちもいます。本当に嬉しいことです。

もちろん僕はクズなので「みんなにとって良いことだからやる」だけじゃありません。やっぱり一番の目的は「友達と一緒に仕事して、一緒にお酒を飲む言い訳がほしい」というさみしがり屋ならではの利己的な理由です。

それでも、リバ邸から飛び立っていく人たちを見るたびに、新しい人やコミュニティと出会うことは自分の人生を切り拓く鍵になるんだなと感じるし、ありがたいと思っています。

リバ邸が僕にのこしたもの

家入

今回コミュニティのことを考えるにあたって「リバ邸が僕に残したものとは？」を考えた。けれど、リバ邸が僕の内面や価値観にどう影響を与えたのか、自分の中でうまくまとまらなかったのだ。だから同じ質問を廉くんに聞いたら、こう答えてくれた。

「沖縄だったら沖縄、北海道だったら北海道、熊本、福岡とか、どこに行ってもやっぱりリバ邸の人と会うとめちゃくちゃ楽しい夜を過ごせて。リバ邸やっててよかったなって、日本全国どこに行っても遊べる仲間がいることはめちゃくちゃ幸せだなって思ってます。場所が変わることでコミュニティの空気は全く違ってくるけれど、東京でもし孤独を感じたとき、ふと足を伸ばせば絶対に会えるリバ邸というコミュニティがある。それで生きれてますね」

そうか、僕が作って廉くんに継いでもらったリバ邸は、彼にとっての生きる理由になったのか。そんなことを思っていると、廉くんはこう続けてくれた。

「ムカつくことはいっぱいあるけど、家入さんが発信しなければ出会えなかった人たちが自分とぼりさんにはいて。家入さんが動いたことによってできたつながりはリバ邸だけでなく、やさしい革命ラボでもそこで出会った人たちと今だにつながりがあったりしている。家入さんはそのつながりを引き寄せる運命力があって、そこがすごいなって思います。」

やさしい革命ラボというのは、「可能性が大事だ！」と言って十代の人たちを集めたコミュニティ。「現代の駆け込み寺」を謳うことで生まれたリバ邸との共生も、やさしい革命ラボそのものの継続フェーズも、僕自身では実現できなかった。

でも、そこから何かが生まれて、廉くんや他のメンバーもすごく活動してくれて、つながった人たちが今でもいる。それは本当にありがたい。改めて、そう思う。

何も言えなくなった僕と、言わなくてもいいコミュニティ

家入

最近僕は軽井沢に移住して、あんまり発信もしなくなり、隠居した老人みたいになっている。

背景としては、十年前に都知事選に出た後からいろいろ考えるようになったことが大きい。当時マニフェストとして掲げていたことの一つに「反原発」があった。それもあって、僕のボランティアチームとして集まってくれた人たちの多くが反原発への思いが強かったのだけれど、中には他者に寛容ではない発言をする人もいた。いろんな主義主張があるのは当然。でも、自分の主張のために他者に対して寛容じゃなくなってしまう感覚が、心に重く残っている。

一方で、当時はヘイトスピーチもすごく問題になっていた。

選挙期間中にヘイトスピーチを展開するデモの参加者に話を聞きに行ったこともあったが、彼らの話もまた衝撃的だった。「デモに参加すると日当がもらえて、終わった後にそれでみんなで飲みに行くビールがうまいんだよね」と前歯がない笑顔で語るのだ。誰かの居場所を奪うヘイトスピーチを行う彼らも、実は、居場所がない人たちだった。

僕は、それぞれが掲げる正義と、彼らが自分の正義に至る経緯までちゃんと知ろうとすると、一概に否定もできなくなってしまう、何も言えなくなってしまう感覚に突き落とされた。その感覚は、今も尾を引いている。

さらに、自分の正義に囚われている人に対して何を主張したとしても、悪だと捉えている対象は変えられない、結局何も届かないと感じたことも、何も言えなくなってしまった自分の状態を加速させたように思う。

ただ、「じゃあ自分はどうありたいか」「どういう未来を作っていきたいのか」という、ある意味自分としてのポジションを取っていく必要があるんだろうな、と今は感じている。

そんな中で、廉くんがかけてくれた言葉だったり、リバ邸が築き上げてきたコミュニティの存在だったりが、改めて僕にとって救いのようなものになっている感覚がある。

最近のリバ邸の忘年会に行くと「家入って誰ですか？」「家入ってなんか聞いたことあるけどリバ邸に関わってるんですか？」と言われることがあるのだけれど、僕はそれをめちゃくちゃ嬉しく感じている。

リバ邸は、もう僕のことをあてにしていないのだ。

リバ邸忘年会に参加している人の中には、家入さんも、片倉も、ぼりさんも、誰のことも知らないような住民が参加することが増えてきました。これはまさに「リバ邸」というコミュニティが一人歩きをしはじめた証拠。「〇〇さんありき」のコミュニティ運営から一歩卒業できるような居場所になってきたのかもしれません。

リバ邸
LIVERTY HOUSE

僕らはまるで月と太陽。夫婦経営のパートナー、ぼりさんのこと

片倉

ここで忘れないうちに、共同経営者であるぼりさんの話を。

一緒にリバ邸を運営してきたぼりさんは、僕にとって本当に太陽みたいな人。正直に言うと、ぼりさんがいなくても経営はできたんだと思います。でも、それじゃきっとつまらなかった。

ぼりさんってずっと同じことをニコニコして笑って毎日できるタイプの人なんですよ。以前、オードリーの若林さんがとある番組で「春日はバカだからずっと飽きずにテレビに出られるんですよ」みたいなことをおっしゃっていたんですが、いじりながらもそこには若林さんなりに春日さんへのリスペクトがあるんですよね。

それと似たような感じで、僕はすぐに飽きちゃうタイプだから、ずっと同じことを継続できる人間じゃない。逆に毎日を繰り返すことができるぼりさんのことを「能天気でこの人何も考えてないんだろうな」って思うけど、お日様みたいに毎日ずっと楽しそうに生きている人が側にいることって、実はめちゃくちゃ支えになるんです。

こう言うとすごくバカにしてると思われそうなんですが、これって本当にすごいこと。だって何も考えずにずっと毎日カレーとか食べられるんですよ。イチローじゃないんだから！　実際にぼりさんは毎日ゆで卵を食べていて、奥さんがそれを見て鳥肌が立つみたいなことが起きてるんですよ。

毎日同じものを食べ続けられるし、どこでも寝れるし、住む場所がどんなところでも常に明るくて、そんなぼりさんにずっとメンタルケアされていました。まさに僕の太陽です。

そんなぼりさんが、去年、リバ邸を辞めると言い出したとき。話を聞いていくと、雑務を担うことに対してストレスがあって、その分の給料が欲しいということだったんですよね。ただ経営者の先輩に相談したら、それは経営者として甘いというニュアンスのことを言われたんです。

「ぼりさんは役員なので、リバ邸という箱を一緒に掲げて大きくしていくことが仕事。雑務的なところでも給与が欲しいと言うのは社員と変わらないじゃない？」って。

そこで、改めて会社とは何かという話をしてお互いに理解し合って、今の形に落ち着きました。付かず離れず、夫婦みたいに結局なんだかんだずっと一緒にやっていく相棒です。

片倉廉の再出発

片倉

「リバ邸が人の岐路になる出会いを提供している」と言ったものの、僕自身、人と会うことが減っています。世の中的にも、コロナウイルスの流行がきっかけになって人との新しい出会いがどんどん減っているような気がします。

一昔前までは、ＳＮＳで気になる人に声をかけて会いにいく動きがあったけれど、今の主流ＳＮＳではあまり見られない。

「会いたい人募集！」とか「起業家で集まろう！」とか、僕が歳を重ねたのもあるかもしれないけど、極端に減った気がするんですよね。

僕が二十代前半の頃はきっかけなく人とひたすら会っていた。その時期は、リバ邸を広げている最中だったから、会えば会うほど住人さんにつながったりとか、どんどん新しいビジネスアイディアが湧いたりしていました。

ネットをきっかけに同じ志や想いをもつ人と新たに会う機会がなくなってきて。一方で元々のつながりの中で共有しあう新しいSNSが出てきてもあんまり触っている人が多くない。その様子を見ていると、みんなそもそもSNS自体に疲れてしまっているように感じます。

SNSに疲れている人ほど、リアルなつながりであるリバ邸とは相性が良いんじゃないかな。

だからこの本が、コミュニティをやりたいとか、アメリカを横断したいとか、アフリカに行きたいとか、NPOを作りたいとか、自分の想いを持っている人たちが、居場所づくりとシナジーが合いそうだからと僕に会いたいと言ってくれたり、一緒に楽しいことをする場を作るきっかけにしてくれたりしたら嬉しいです。

実は僕自身、今リバ邸の中での立ち位置が変わりつつあって、現場を離れて宿泊業にリソースを割く割合が大きくなっています。

二十代の子たちは居場所を求めていることが多い。だからこそリバ邸を運営することで得るものがたくさんあるんだと思います。僕もパワーを持ってこれまで頑張ってきました。

リバ邸は比較的若い人たちの居場所なのかなと思います。僕のリバ邸との関わり方が変わりつつある今、自分が新たに人に出会うだけでなく、次の誰かにつないでいきたいなという気持ちが芽生えています。

若い頃はロマンが先行しがちで、リバ邸の管理人をやってくれた人たちもそういう人が多かったけれど、大事なのはそろばんも同時に叩けること。

そもそも熱量がないとはじまらないけど、よく考えたら僕はずっとそろばん先行のタイプでした。ロマンだけで走ってこなかったからこそ、ここまでリバ邸が続いてきたんじゃないかなと思います。そのどちらも持ち合わせた人が現れてくれたら最高ですね。すぐにでも事業を渡したい。

この本をきっかけに僕自身も再出発したいと思っています。新しい出会いだけでなく、もちろん切れてしまった過去の縁も、これまでの自分をつないでくれた古い縁も温め直していきたいなと思います。

この本を読んでくれたあなたへ

片倉

世の中で起きている悲しい事件も、もしその事件を引き起こしてしまった彼らに居場所があれば、あんなことは起こさずに済んだのかもしれない。

自己責任だけじゃなく、環境要因の影響が大きすぎることが世の中にはたくさんあって。だからこそ環境を変えられる居場所を提供できるというのはやっぱり大きなことだなと思うんです。

居場所やコミュニティというキーワードにピンと来て、この本を手に取ってくれたあなた。ぜひ気軽にＤＭしてきてください！　この本を読んでくれた人と会って、話したいなと純粋に思っています。

居場所づくりがしたいとかだけじゃなくて、ただシンプルにこの本を読んでくれた人と感想を語り合ったりもしたいです。結局読者じゃなくて、著者である僕が一番つながりを求めていたんだなと今、この本を書き終えて感じています。

究極のさみしがり屋は、次に向かっていきます。

二〇二五年二月十七日、
認定NPO法人D×P（ディーピー）主催
家入一真と片倉廉のトークイベントを開催。
その時ふたりが語った居場所論をお届けします。

家入×片倉の居場所論

リバ邸創業者の今

家入▼僕は最近まで株式会社CAMPFIREの代表取締役をやっていたけど、二〇二四年の十一月に退任して、今の肩書きは会長。でも別に、ただ名前がついてるだけで、取締役でもない。だから無職（笑）。

僕は今まで何社か作って、IPO（新規公開株式）したこともあるけど、いつも出ていってしまう。追い出されたわけじゃないんだけど、最終的には不安でいなくなっちゃう。

片倉▼家入さん、起業をするときは仲間を募ってやっていくって言っていますよね。

家入▼そう、居場所があるところで何か始めるというよりは、会社を作ってそこが居場所になっていく感覚。

僕はもともと家から一歩も出られない引きこもり。でも、インターネットに救われた。未だにあの救われたって感覚は僕の原動力になっていて、何か居場所をつくるとか、会社や事業を立ち上げるときには、全てインターネットを使っている。インターネットを通して、声をあげたくてもあげられない人が、声をあげられるようにするプラットフォームばかり作っているんだよね。
十代の頃はもう本当に社会から断絶していた。その中で、インターネットが唯一の社会との接点。引きこもっていると親に対して申し訳ない気持ちも膨らんでいくし、「ファッションが好きだ」と思っても外に出ようもんなら同級生に会うかもしれないって考えると一歩も動けなくて。だからインターネットは唯一の居場所だった。それが僕のスタート地点なんだよね。

片倉▼ 最初は一人で起業したんですよね。

家入▼ 一人で起業して、レンタルサーバーだとかいろんなサービスを自分で作って出してみたら、少しずつお客さんが増えていった。一人じゃ対応しきれないからサポートしてくれる仲間を集めて、僕もコミュニケーションをとれるようになっていって。そうしているうちに、なんか「僕、ここにいていいんだ」って思えたんだよね。
でもやっぱり十年ぐらい同じ一つの会社をやると、なんというか……呪いみたいなものだと思っているんだけど、「ここに僕がいるとなんか駄目な気がする」って感じちゃう。同じ場所にずっと居続けられない。

自分勝手な視点で言うと、ファミリーになっていくんだと思う。僕が立ち上げる会社って基本的にアットホームだし、いいやつばっかり集めちゃうから、家族になっちゃうんだよね。家族になると、自分が意欲を失っていくんじゃないかっていう恐怖が生まれる。「ここでみんなと仲良くして、それで幸せ。これでいいや!」ってなっちゃうのがすごい怖い。

でも人って「ここにいていいんだ」って思える場所があって、初めてチャレンジができるっていうのは、リバ邸をやって思った。もともとリバ邸って起業家を輩出する場所を作りたいなんて考えていなくて、どちらかというと「社会からこぼれ落ちたやつらが集まる場所を作ろう」って言って始めたんだけど、やってみたら結果的に起業するやつらが出てきた。

ただ、僕が立ち上げるものって良くも悪くも僕の色が出てきちゃう。色が似てくるっていうか。

会社経営・組織づくりをすると、どこかで「うちの会社っぽくない人」を加える。すると、やっぱりぐちゃぐちゃになる。それでも、あえて入れる。そういう人に入ってもらわないと、どんどん同質化していって、閉ざされた環境になってしまうから。

この意識があるから、最終的には誰かに任せて僕自身が外に飛び出さないと、組織としての多様性みたいなものを作り出せないいんじゃないかっていう思いもある。だから僕は一つの会社に十年はいますけど、それ以上はあんまりいられないかな。

片倉▼ 似たもの同士だけが集まりすぎると、だんだん違和感が広がっていくっていうのはありますよね。きっと属人的になっちゃうから。その人がいないと、その場が成り立たない。リーダーが動けるタイミングじゃなくなると、終わるコミュニティになっちゃう。

家入▼ 僕は初めて会社を作ったときから未だに、何かを始める一日目から「いかに自分がいなくなってもまわるものにするか」ってずっと考えている。初日からなるべく僕が抱えないように。

もちろん、いきなり全てそれではできないけどね。僕だってやっぱり最初は一人で立ち上げたし、あらゆることを自分でやらなきゃいけない。ただそこに仲間が入っていく中で、僕が持ってたものを少しずつ移譲していく。そうすると最終的に僕がいなくてもまわるようになる。そうすると最終的に何もやることがなくなる。何もやることがなくなると、人って余計なこと考える。余計なことを考え始めると「いや、ここにいてはいけない！　僕はもっと違うことをやりたい！」って出ていっちゃうっていうのが大体十年スパンで起きてるのが僕の感覚。

　僕は、僕がいつ死んでも残る仕組みをどう作るかっていうのにすごく関心がある。それを突き詰めると、最終的に僕も必要なくなるんですよね。

　でも、長期的に務めるからこそ実現できるデザインもあると思うんですよ。組織だったり国家だったりは、トップがコロコロ変わるとできないわけじゃないですか。例えば中国とかロシアみたいなものを見てても、長期政権を敷いたからこそ、できたデザインがある。国の制度であったり課題感であったりは、トップが代われば変わってしまうから。

　だからこそ自分がずっとトップで居続けられる仕組みを構築した場もあるかもしれないし、どっちが正解かは本当にわからない。ずっとトップで居続ける人には、長期的にこうしたいってものがあるのかもしれないね。

居場所づくりへの欲求

片倉▼僕がリバ邸を引き継がせてもらったのって、「誰でも来ていいよ」ってコンセプトでコミュニティを作ったら問題がたくさん起きて、「自由に作っていいよ」って言っていたら不動産関連の契約トラブルが立て続けに起きて、もう管理できない！　ってなっていたタイミングだったと思うんですよね。

家入▼改めて、廉くんは何で興味を持って、しかもコミュニティを引き継いで広げていこうと思ったの？

片倉▼きっかけは自分が一人で住んでて寂しかったからですね。超シンプルです。歌舞伎町でホストをやって、今でいうトー横キッズみたいな状態だったから。

僕、家入さんに「見直した」って初めて言ってもらったの、ホスト時代の動画をXであげた時ですからね。

家入▼あれ、めっちゃ面白かったよ！　もう十年前のことなんだよね。

今でこそホストの方とかトー横キッズとかもインフルエンサーみたいな子が出てきているけど、もしかしたら廉くんがその先駆けになっていてもおかしくなかったよね。

片倉▼かもしれませんね。でもシェアハウスを始めようと思って、リバ邸に惹かれて、今に至るまで行動したのは、結局「自分で居場所をつくること」を求めていたからなんでしょうね。当時は言葉にはしなかったんですけど。ちょっと恥ずかしいですよね。寂しいから居場所をつくるって。

家入さんのことを初めて知ったのは、ホストの仕事で酔っぱらって歩いてる時に見つけた、都知事選のポスターですよ。

家入▼そうそう！　あの頃ぐらいからリバ邸をやっていたんだった。

あの頃、なぜ都知事選にでたかっていうと、やっぱり「居場所をつくる」っていうのを民間からやってきたものの、今度は政治って関連から向き合いたかったから。セーフティーネットみたいな存在は公的なものでもあるわけだから、そっち側から居場所をつくるっていう活動に関わりたいっていうか、見てみたいっていうのもあった。

十年で変化する居場所の概念

家入▼十年前はシェアハウスブームみたいなのがあったんだよね。コンセプトを重視した型だったり、何かテーマを設けていたり、いろいろ立ち上がっていたんだけど、やっぱり皆続けることに苦労したんじゃないかな。

僕はコミュニティというもの自体、一生やり続けなきゃいけないことではないし、何かが変わったり終わったりすることはある程度しょうがないと思っている。

ただ、リバ邸が全国百カ所ぐらいまで広がったのは、やっぱり継続してきたからってところが大きいと思う。もちろんその十年間の中で、細かい「出来ては消えて」を繰り返してきているけど、これがまさに廉くんが成し遂げたこと。

インターネットも「出来ては消えて」を繰り返していると思う。かつて「2ちゃんねる」というチャンネルがあったけど、あそこが唯一の居場所だった人たちも、いたと思うんですよ。でもそこからブログやSNSみたいなのができて。僕もそうでしたけど、現実社会で居場所を見つけられない人がインターネット上で居場所を探すっていうのは形を変えて、今も残っているのかなっていう気はしている。

もちろん物事には両面がある。インターネットが発達することで、声をあげたくてもあげられない人が声をあげられる。だけど一方で、その誰しもが声を上げられれるようになった結果、石を投げ合ってしまったりとか、先鋭化してしまったりするというか。

　自分とは違う考え方の人が世の中に存在するって思えなくなってしまって、それがふと自分の目に入ったときに攻撃してしまう。わかり合えないことが可視化されてしまったっていうのが今かなと思いますね。


　ついでにいうと、日本の人口が減っている中で、消滅可能性自治体の話題もある。自治体っていう仕組み自体が消滅せざるを得なくなってきているわけですよね。だけど、仮に自治体がなくなってもそこで生きていく人達はいるし、文化も残っている。自治体という仕組みが機能不全を起こしただけであって、人はいるわけです。

　じゃあ自治体っていう仕組みもどれぐらいの歴史があるのかって考えると、そこまで長くない。自治体って聞くと僕らは昔から当たり前にあるものって思いがちだけど、実はそこまで歴史が長くなくて、ある意味、実験途中なんだって捉えると、これから先の支え合いの仕組み・共同生活の形はまだまだ変化していくものなんだと思う。

片倉▼ 僕はなんか、インターネットめちゃくちゃやりづらくなったなぁって思います。Xを見ると強い経営者ばっかりで怖い（笑）。

家入▼ 今、不動産をやってる社長がいっぱい出てくるよね。

片倉▼ あと、狭いSNSばっかりだなって。もともと友達の人とか、同世代の人たちだけで繋がって、盛り上がって。それを批判したいわけじゃないんですけど、ちょっとだけ怖いなと思ったんですよね。新しい人達は入れないのに、内輪ノリが強くみえてしまうというか。繋がるはずのインターネットなのに、どこか分断されているような。

コミュニティの分断と結束

家入▼ 分断っていうと悪いイメージが持たれがちだけど、それにより結束が高まるっていう面もあるからね。

米大統領選で、トランプ政権が掲げたスローガン「Make America Great Again＝アメリカを再び偉大にしよう」があったけど、今改めて国だとかコミュニティの輪郭を取り戻そうとする流れみたいなものがあるのかもしれない。あれには、多様性みたいなものが行き過ぎて、生産性や効率を落としたよねって意見があって、そこに同調する企業が出てきた流れがあるでしょ。それってある意味の分断ですよね。それによって改めて国の輪郭を取り戻して、リーダーを示そうとしている……難しいことだけどね。

その良し悪しは一度置いておいて、こういう流れが、新しい居場所の形みたいなものを再定義しようとしてるようにも見える。多様性を廃止することによって、改めて共同体を強固なものにしようとしているというか。

結局、皆違って皆いいっていう多様性の時代は、信じられる共通の基盤がなくなるってことなんだよね。もちろんそれによって生きづらさを抱えてる人たちを認めていこうって話だから。ただ、多様性が本当の意味で広がっていく世界ってのは、一人ひとり違うよねって認め合うことだから、それってある種の分断でしょう。だから、あらゆる仕組みとか法律とか倫理感とか、そういったものは基本的に「みんな違うよね」って話になって、要は信じられるものがなくなっていくんじゃないかな。

歴史って螺旋状に少しずつ進んでいくんじゃないかと思っていて、その場合、上昇気流を作るのが技術であったり、その時代の核心的な思いだったりするんじゃないかな。一時期、人口が都市に集中しているのがヤバいよねって意識が広がった時も、村を作りたいっていう人が増えたじゃないですか。その時に僕も村を買って、廉くんと喧嘩したね（笑）。買っちゃったからよろしくって言ったら（笑）。

片倉▼ 軽トラの扉を開けたら、上から蛇が降ってくるくらいの森だったんですもん。行く度にキレてました（笑）。

家入▼ すごい。嫌な感じが伝わってくる！　やっぱり改めて、廉くんはヤンキーカルチャーがあるよね。僕は引きこもりで不登校。本来、交わらないタイプだよね。

片倉▼ でも、ヤンキーって実は根暗なんですよ。馴染めないから、繋がりを求めますし。根っこは一緒です。

家入▼ そういえば、リバ邸を立ち上げたときの批判的な意見でよくあったのが「普通の子たちじゃん」ってもの。現代の駆け込み寺と打ち出していたから「居場所をつくるとか、保護するとか、そんな必要がない普通の子たちじゃん。そんなやつらよりもっと悲惨な人達がたくさんいるから、そっち助けるべきだろう」っていう批判だったんだけど、僕は普通っぽいからこそ見過ごされてきたとも思って。引きこもりとヤンキーがもっとコミュニケーション取れたらいいね。そこら辺、境界設定が何か曖昧なものなのかもしれない。

運営者の物語がコミュニティを次のフェーズに送り出す

片倉▼ 僕が今回、本を出そうと思ったのはある炎上している芸人さんに、石を投げている人がたくさんいる様子を見て、「リバ邸にはそういう寂しい人たちがいないな」「寂しくない人たちを増やしたいな」と思ったからなんです。本を読んで、リバ邸に本当に遊びにきてくれたらすごく嬉しい。

昔だったら自分をどんどん前に出していきたいとか、自分の思ったリバ邸を押し出していきたいって思っていたかもしれないけど。今はもうそんなのはいらないから、「今のインターネット怖いな」って感じている人にちゃんと届いたら良いなと思って本にしました。

家入▼ 廉くんって目立つの嫌がるじゃん。僕がリバ邸が立ち上げたのは第1フェーズ。そして、廉くんがやっているのはもう明らかに第2フェーズだと思うんだよね。その第2フェーズの代表である廉くんの物語みたいなものは、もっとちゃんと伝えなきゃって。リバ邸が更なる次のフェーズに行くためには、第2フェーズをつくった廉くんの物語が伝わるべきだって思ったんだよね。

廉くんが有名になる必要はないんだけど、僕でいうと「なぜ今まで会社やプラットフォームを作ってきたか」とか、「引きこもりでもインターネットで居場所を感じられたっていう原体験」みたいな、なぜ今があるのかっていう文脈みたいなものを整理した方がいい。

もちろんそれは親しい人達は皆知ってくれているんだけど、本のような渡しやすい形で届けていけると、リバ邸に新しい人がきてくれるかもしれない。僕はできなかったけど、廉くんはできたことも沢山あるし、なぜコミュニティが持続したのかも理由があるわけだから、それを居場所論って形で一冊にまとめようっていうのが、最初の提案だったんだよね。

片倉▼ 家入さんって優しいですよね。

家入▼ 全然優しくない！

片倉▼優しいですよ。だから、もっとSNSで前に出てほしい。強い発信ばっかりの経営者じゃなくて、優しい経営者もいた方がいいじゃないですか。

家入▼何も言いたいことないからいいや（笑）。

片倉▼ええ（笑）。

家入▼いや〜、結局僕はそういう居場所論とか優しい感じのことを言えちゃうんですけど、ポジションを取っているだけじゃんとも思っちゃうんだよ。「起業家の中でも優しい側」で、「居場所づくりをしている異色の経営者」みたいな、そういうポジションを取りに行ってるだけじゃんって。そう思うと、強い意見を言って熱量を集めようとしている経営者と、何も変わらない。

だから、そういう事情もわかった上で「ポジションを取りにいくんだ！」っていうぐらいの、これがこの世の中に必要なことなんだって思えたらね。

フランチャイズというコミュニティの広げ方

片倉▼本の中にはあまり入れられなかったけど、リバ邸って実はフランチャイズも結構多いんです。リバ邸のフランチャイズは、五万円で加盟できるんですよ。シェアハウスの契約書を作るぐらいの金額。フランチャイズ加盟の初期費用としてはめちゃくちゃ低い。

しかも、加盟金だけしかもらわず、毎月のロイヤリティはなし。でも、場を始めるってクラファンをしたら、皆が応援してくれて、八百万円くらい集まりました。その支援者の中にはフランチャイズに加盟してくれていた人もいたんです。大きな金額だったけど「いやいや、リバ邸やっててよかったから」って。

結果的に、毎月のロイヤリティをもらわなくても新しい事業を始めるときには応援してもらえて、自分たちもちゃんと儲かってる。よくあるフランチャイズの形とは違うけど、やってきてよかったなと思っています。

家入▼ リバ邸を引き継ぐ時も、フランチャイズ化を進める時も、クオリティのコントロールをどうするのかって話題になったね。

僕は「別にどこに行っても同じクオリティを提供する、マクドナルドとかセブンイレブンとか、そういうものを作りたいわけじゃないからいいじゃん。ここはこういう色、あそこは癖が強いみたいな感じで、違ってもいい」って思っていて、そこは廉くんとも繋がっていると思う。
ただ、いくら癖が強くてもいいとは言っても、僕がやっていたときって部屋の中で花火やるやつとかいたんだよね。
片倉▼ 今もいますよ。
家入▼ いるの?! やっぱり家の中で花火はやっちゃいけないって常に書いておかないとダメなんだ。大変だね。

友達力の高い仲間とコミュニティを続けていく

片倉▼ フランチャイズ加盟にお金はそこまでいらないんですけど、「誰でも自由に立ち上げちゃって」とは言っていなくて、自分たちが実際に会って、友達になれるなって思った人たちにだけ加盟してもらっています。
一緒に酒を飲んで、焼き肉を食べて。そこで違和感を覚えないって、めちゃくちゃ大事だと思うんです。
家入▼ その違和感は言語化できない?

片倉▼ できないんです。でも、それを大切にした結果、これだけ規模が大きくなっているのにトラブルが増えないってことは、友達選びが上手いんだなって思いました。

家入▼ 廉くんにとっての友達っていう基準を満たす人は、たぶんリバ邸の重要な何かを引き継いでいるんだろうね。それが言語化されたら、またきっと変わってくると思う。

片倉▼ なんだろう……。僕らに期待してる人があんまりいないのかも。依存性がない。友達力が高いというか、僕らを支えてくれる力がめちゃくちゃあるんです。「駄目だけど、あいつはいいやつだよね」って支えてくれる人って、友達力が高いじゃないですか。そういう人たちばっかり。いいやつ。だから、ちょっと羽目を外してお酒を飲みすぎても大丈夫。

それもあって、いろんなことを任せている部分もあります。昔、あるダンサーの子が「ダンサーがたくさん集まるリバ邸をやりたい」って言ってきてくれたことがあるんですけど、特徴のある子だったしコンセプトもはっきりしていたから「リバ邸を名乗っちゃったら、リバ邸っぽさがある人ばっかり集まっちゃうからやめよう」って提案したんです。

　でも一緒に居場所づくりはするし、お互いのイベントにも行きあう。リバ邸って名乗らなくても、コミュニティは確かにそこにあって、繋がってる。コミュニティの名前を前面に出さなくても繋がって、支えあえるというか。

家入▼僕がリバ邸をやってる時なんて、リバ邸なのに「反リバ邸」って名乗って反旗をひるがえしてくるやつが出てきたりしたけどなあ……。

片倉▼でも、その反リバ邸も誰かの居場所になってるんですよ。

エピローグ――「リバ邸」を一番近くで見てきた男

この本を手にとって、ここまで読んでくださったみなさん。本当にありがとうございます！　株式会社リバ邸取締役として、片倉廉の女房役を務めている大堀悟（ぼりさん）です。

僕はもともとリバ邸で暮らし、リバ邸を作り続けてきた人間です。運営を引き継ぐ前も含めて、リバ邸とともに歩んできた期間は八年。この期間の試行錯誤を、コミュニティの作り方という形でみなさんにお届けできるこの機会に加われて、とても嬉しく思っています。

「リバ邸」を一番近くで見てきた男からのつぶやき、ぜひ楽しんでいただけたら幸いです。

「家入一真の」でも「片倉廉の」でもない、リバ邸を目指して

家入さんからリバ邸を引き継いだ二〇一六年からの数年、僕と片倉がもがいていたのは「家入カラー」をどうやって払拭するかということでした。

経営を引き継いで実際に運営しているのは僕らなのに、リバ邸が注目されるときに表に出るのは必ず家入さん。単純にモヤモヤするし、家入さんを求めてやってくる入居希望者さんもいたから、申し訳ないと思うこともたくさんありました。

ただ、今ではもはや僕らのイメージすら、リバ邸には必要ないと思っています。

そんなことを考えていたとき、とある象徴的な出来事が起きました。

新しいリバ邸のオープン祝いとして、僕の得意な唐揚げを揚げに行ったときのこと。唐揚げを振る舞って一息ついていたら、住人の一人がおもむろに声をかけてき

ました。僕と片倉は株式会社リバ邸の代表者。リバ邸のイベントではまったく知らない住人の方から声をかけてもらうことがよくあったので、いつも通りに笑顔で対応しようとする僕。ところが、声をかけてきた彼から放たれた一言は予想だにしないものでした。

「唐揚げめっちゃ美味かったよ！　どこのリバ邸に住んでるの？」

もしかして、僕がリバ邸の人間だということが知られていない……？　そう気づいた僕は心の中で思わずガッツポーズ！　ついにリバ邸が「家入の」でも「片倉の」でもない、「誰がつくったとか関係ない居場所」になった。そこにいるメンバー、それぞれの居場所になったと感じた瞬間でした。

もちろん、今まで通り友達と遊ぶようにシェアハウスを続けていきたいし、リバ邸を通じてたくさんの人たちと仲良くなっていきたいという気持ちはあります。

でも、若者のシェアハウスであるリバ邸の代表が、三〇歳を超えた片倉と四〇歳を目前にした僕ではなんとなく不自然。しかも、せっかく世代交代が進んでいるのであれば、僕は彼らのちょっと先を見て、新しい事業に取り組んでいきたいと思うようになりました。

たとえば、シェアハウス卒業後に住むアパートを提供したり、団地や老人ホームをつくったり。シェアハウスに住んでいるみんなの人生が進んでいった時に、居場所を失わないように。そして、シェアハウスやコミュニティを手がけている人たちが進むべき「次のモデル」となれるように。

コミュニティ作りやシェアハウス運営って、ちょっと特殊なキャリア。だからこそ、若いうちしかできない仕事ではなく、年を重ねても自分らしくコミュニティを作り続けられるように、選択肢や道のあり方を示していけたらと思っているんです。


こんな話をすると、よほどコミュニティやリバ邸への愛が強いのだろうと思っていただけるのですが、実はそれだけではないことに最近気づきました。

僕がコミュニティやシェアハウス界隈の方々に対して貢献したいと思うシンプルな理由。それは、周りがいなくなるのが寂しいから。

僕にとって、コミュニティやシェアハウスとは、誰かが自分のそばにいてくれる空間を持つこと。それは僕にとってとても大事で、長く付き合い続けていきたいことです。もともと板前の仕事を始めたのも、自分の居場所が欲しかったからでした。

僕にとって最高の瞬間は、自分の「場」を後から眺めているときなんです。場にはいろんな人がいて、それぞれの楽しみ方を持っています。積極的に楽しむことができる人もいれば、誰かに背中を押されてほしい人や放っておいてほしい人もいる。特定の誰かではなく、全員が七十点くらいの満足度を得られるのが理想です。

だからこそ、コミュニティは「誰か」のイメージが強くついてしまう場所であり続けてはいけないと思うようになりました。リバ邸はいま、僕たちの願い通り「それぞれの」居場所になりつつあります。

片倉廉と、やれるだけやってみよう

かれこれ十年をともにしてきた片倉についても語ります。

片倉と僕は、まったく正反対の特徴を持っていると日々感じています。片倉の方が不安定で、実は繊細な人。なんでも自分でなんとかしようとする僕とは違って頼り上手なのも面白いところ。周りにうまく頼って物事を進めていく様子は、とても経営者らしい一面です。もし僕一人でリバ邸をやっていたら、自分のできる範囲でしか冒険できずに、こんなに面白い事業には育っていなかったはず。

片倉はいつも新しい人に会ったり、成長への意欲が高かったりと、「動」の人なんだと思います。だからこそリバ邸は常に面白い人たちが集まってくるコミュニティに成長していった。片倉と僕、対照的なコンビでやってこれたことって、実はすごいのかもなんて最近では思うようになりました。

ただ、それだけ性格が違うと、当然ぶつかることもあるわけです。中でも一番僕が直してほしいと言い続けてきたのは「決断」に関すること。物事を決めることから逃げがちだった片倉に対して、僕はあくまでも代表は片倉なので決めてほしいと思っていました。

「最後に決めるのは片倉だから。どんな決断をしても俺はついていくから」そう伝えてからは覚悟も決まったようで、最近の片倉を見ると「成長したな～」と感じることが多くなりました。

とはいえ僕自身も、「あくまでも片倉が主役」と考えていることで、彼に物足りなさや寂しさを感じさせてしまった自覚もあります。片倉ができないことややりたくないことを自分が「手伝う」という感覚。だから、いずれ自分は会社から必要とされなくなるタイミングがくると思っていました。

でも、そうはならなかった。リバ邸を引き継いだ当時は、片倉も僕も元々やっていたそれぞれの事業がメインだったところから、いつの間にかリバ邸が人生のなかで大きな居場所になっていたことに気づきました。

そうそう、つい先日片倉に言われたことが深く印象に残っています。

それは「俺（片倉）は代表辞めたいけど、ぼりさんは説教係としてリバ邸を続けなきゃダメだよ」と。「いやいや、お前だけ辞めるのかよ！」と思ったんですが、一方でそれほどにリバ邸は「片倉だけのもの」ではなくなったんだな、と実感する瞬間でした。

この本でリバ邸と出会ったあなたへ

最後にこの本を読んでくださったあなたへ、僕からお伝えしたいことがあります。

それは、リバ邸はあなたの居場所になるかもしれないし、ならないかもしれないということ。

僕自身、リバ邸と出会ったことで、自分の生き方とそこで出会った人たちが絶妙にマッチした結果、ハイパーリバ邸の二代目管理人を務めたり、自分自身もいろんな人に知ってもらえたりしました。

僕以外にも、リバ邸での出会いをきっかけに就職を決めたり、フリーランスとして活躍するようになったりと、リバ邸からいろんな物語を生んだ人たちがいます。

そうやって自分の人生をもっと面白くするためにリバ邸をどんどん使ってもらえたら、それほど嬉しいことはありません。これまで全国に一〇〇軒以上のリバ邸が立ち上がってきましたが、あなたと合うリバ邸がどこかにあることを願います。

一方で、リバ邸はあくまでも居場所の一つだということも事実。すべての人にマッチする選択肢を提供できるわけではありません。

ただ、ここで思い出してほしいのは、数々のリバ邸を作ったのは、すでにあるコミュニティが居場所にならなかった人たちだったということ。彼らがリバ邸をつくったように、コミュニティをつくるのって実は一歩踏み出すだけのことです。

ぜひ、あなたもあなただけの居場所を探して、そして作ってみませんか？

リバ邸を一番近くで見てきた男より。

PROFILE

家入一真

起業家／リバ邸創業者

2003年「ロリポップ」「minne」など個人向けサービスを運営する株式会社paperboy&co.（現GMOペパボ）創業、2008年JASDAQ市場最年少（当時）で上場を経て、2011年株式会社CAMPFIRE創業。2012年BASE株式会社を共同創業、東証マザーズ（現グロース）上場。2018年ベンチャーキャピタル「NOW」創業。Forbes JAPAN「日本の起業家ランキング 2021」にて第3位に選出。その他、N高起業部の顧問等も勤める。

片倉廉

株式会社リバ邸 代表取締役

全国海外で累計100軒以上のシェアハウス「リバ邸」をプロデュース。山梨県にてキャンプ場untitledを企画運営中。

過去に新宿シーシャ屋motto、湘南1棟貸し宿ondaをプロデュース。アートホテルBnA Akihabaraのマネジメント業務にも参画。

現在は沖縄・熊本・山梨県河口湖にて新規宿泊施設の立上げ準備中。

居場所をつくる

引きこもりでも、中卒でも。
明日からはじめるコミュニティづくり。

Create a place for yourself.
Whether you're a hikikomori or
just a junior high school dropout.
Start building a community tomorrow.

発行	2025年3月20日
著者	家入一真・片倉廉
構成・制作	岡山史興・松野志保 （,too inc./70seeds）
発行元	合同会社逆旅出版 〒107-0062 東京都港区南青山2-2-15 WIN青山531 050-3488-7994 info@gekiryo-pub.com https://www.gekiryo-pub.com
装丁・DTP	和田悠里
編集	中馬さりの
印刷・製本	株式会社シナノ

ISBN978-4-9912620-8-1 C0034 ¥1800E
Printed in Japan